Angelika Throll-Keller

Steingärten

Wirkungsvoll gestalten und sachgerecht pflegen

Unter fachlicher Beratung von
Detleff Wierzbitzki (Dipl.-Ing. Landespflege),
freier Garten- und Landschaftsarchitekt

Inhalt

WISSENSWERTES VORWEG — 6
Steingärten in der Natur — 8
Alpengarten und Alpinum — 8
Der heutige Steingarten — 9

VOM TROGSTEINGARTEN BIS ZUM ALPINENHAUS — 10
Trogsteingärten — 12
    Allgemeines — 12
    Bepflanzung — 12
    Pflanzen für größere Trogsteingärten (Auswahl) — 13
    Pflege — 15
Bepflanzte Tuffsteine — 15
    Wissenswertes — 15
    Bepflanzung — 16
    Pflanzenauswahl — 16
    Pflege — 16
Steingärten — 16
    Wissenswertes — 16
    Planung — 18
    Aufbau — 18
    Bepflanzung — 19
    Besondere Gestaltungsmöglichkeiten — 19
Trockenmauer — 21
    Allgemeines — 21
    Material — 22
    Aufbau — 22

    Trockenmauerwall — 22
    Bepflanzung — 23
    Pflanzen für die Mauerkrone — 23
Wasser im Steingarten — 26
Das Alpinenhaus — 27

ALLES ÜBER STEINE, FELSEN UND GERÖLL — 28
Ein wenig Gesteinskunde — 30
Transport, Kosten und Bezugsquellen — 31
Kriterien für die Steinauswahl — 31
Steine für Trockenmauern — 31

DER RICHTIGE BODEN — 32
Grundsätzliches — 34
Erdreich für Steingärten — 34
    Geeigneten Boden herstellen — 35
Erdmischung für Trockenmauern — 35

PLANUNG UND BAU VON STEINGÄRTEN UND TROCKENMAUERN — 36
Planung von Steingärten und Trockenmauern — 38
    Ein paar Worte vorweg — 38
    Standort und Größe — 38
    Plan zeichnen — 39
    Erdreich prüfen — 39
    Material-, Werkzeug- und Pflanzenliste — 39
Bau eines Steingartens — 39
    Vorarbeiten und was man unbedingt beachten muß — 39

INHALT

Bauanleitung	40
Bepflanzung	41
Bau einer Trockenmauer	41
Fundament und erste Steinlage	41
Aufschichtung	42
Hinterfütterung	44
Werkzeuge für die Steinbearbeitung	44
Bau eines Trockenmauerwalls	45
DIE PFLANZENWELT	**46**
Planung und Auswahl der Pflanzen	48
Naturschutzbestimmungen	48
Kauf der Gewächse	49
Alles über die richtige Pflanzung	49
Bodenvorbereitung	49
Pflanzzeit	49
Pflanzung	50
Umpflanzen	51
Vermehrung	52
Wissenswertes	52
Generative Vermehrung	52
Vegetative Vermehrung	53
Düngung	56
Allgemeine Anmerkungen	56
Organisch oder mineralisch?	56
Düngung übers Jahr	57
Krankheiten, Schädlinge und Schäden	57

DAS PFLANZENBREVIER	**60**
Laubgehölze	62
Nadelgehölze	72
Stauden	76
Gräser	97
Farne	101
Zwiebel- und Knollengewächse	104
Sommerblumen	109
PFLEGE RUND UMS JAHR	**112**
Frühling	114
Sommer	114
Herbst	115
Winter	115
DIE TIERWELT	**116**
Wissenswertes	118
Keine Tiere aus der Natur entnehmen!	118
Reptilien	118
Insekten	120
Amphibien	120
ANHANG	**121**
Bezugsquellen	122
Steingartenpflanzen und Zwerggehölze	122
Steinmaterial	122
Steintröge	122
Quellsteine (auch Selbstbausets)	122
Bodenuntersuchungen	122
Register	123

WISSENSWERTES VORWEG

WISSENSWERTES VORWEG

Steingärten in der Natur

Unsere größten natürlichen Steingärten liegen in den Alpen. Dort siedelten sich im Laufe der Entwicklungsgeschichte die verschiedensten Pflanzen zwischen Felsen, Steinen und Geröll an. Charakteristisch für diese Standorte sind große Temperaturdifferenzen zwischen Tag und Nacht, intensive Sonneneinstrahlung, Wärmespeicherung der Steine am Tag und Wärmeabgabe während der Nacht sowie magerer, gut durchlässiger Boden. Das sind die Voraussetzungen für ein gutes Gedeihen der Gewächse.

Die Alpenpflanzen bevorzugen außerdem bestimmte Gesteine. So wächst zum Beispiel auf kalk- und dolomithaltigem Boden der Leberbalsam, *Erinus alpinus,* das Dolomitenfingerkraut, *Potentilla nitida,* und die Zwerggänsekresse, *Arabis pumila.* Andere meiden Kalk und gedeihen auf kristallinen Gesteinen oder Urgesteinen wie Granit, Gneis oder kristallinem Schiefer. Beispiele dafür sind Alpenmauerpfeffer, *Sedum alpestre,* Behaarte Schlüsselblume, *Primula hirsuta,* und Bärtige Glockenblume, *Campanula barbata.* Alpenehrenpreis, *Veronica alpina,* Alpenleinblatt, *Thesium alpinum* und Alpenleinkraut, *Linaria alpina,* sind Beispiele für Pflanzen, die keine speziellen Ansprüche an die Gesteinsart stellen. Zum Schluß sei noch darauf hingewiesen, daß einige Pflanzen direkt neben dem nackten Fels wurzeln, andere auf Geröllflächen und wieder andere auf den natürlichen Hochgebirgsrasen oder alpinen Rasen.

Alpengärten sind zu wissenschaftlichen Zwecken eingerichtet

Alpengarten und Alpinum

Alpengärten sind Gärten im Hochgebirge, das heißt, am natürlichen Standort, in denen zu wissenschaftlichen Zwecken Alpenpflanzen gepflegt und beobachtet werden. Ein Alpinum dagegen ist ein Steingarten an einem beliebigen Standort, der dem gleichen Vorhaben dient. Der erste, der Alpenpflanzen im Tiefland kultivierte, war der Innsbrucker Botaniker Kerner von Marilaun. 1864 wurde sein Buch „Die Kultur der Alpenpflanzen" veröffentlicht. Angeregt durch seine Versuche, entstanden bald in verschiedenen botanischen Gärten Alpinum-Anlagen, gewissermaßen die Vorläufer der Steingärten. Berühmte Alpinen entwickelten sich zum Beispiel in Kew (England), in Wien und in Innsbruck.

DER HEUTIGE STEINGARTEN

Damit die Alpenpflanzen auch in tieferen Lagen gedeihen konnten, waren Jahrzehnte der Forschung, Züchtung und Auslese notwendig. Botaniker unternahmen Expeditionen und Reisen in ferne Gebirgsländer, um neue Steingartenpflanzen kennenzulernen und mitzubringen. Doch zahlreiche Versuche, diese Gewächse im Tiefland zu kultivieren, schlugen fehl, und es war unendlich viel Zeit nötig, um Gewächse für unsere Hausgärten heranzuzüchten. Einige ausgesprochene Hochgebirgspflanzen kann man allerdings bis heute nicht im Tiefland pflegen. Sie gehen entweder ganz ein oder blühen nur sehr schwach.

Der heutige Steingarten

Natürlich gestalteter Steingarten

Früher versuchten Wissenschaftler und Botaniker, die Gebirgswelt naturgetreu en miniature nachzustellen. Die Berge wurden ebenso nachgeahmt wie die verschiedenen Standorte, zum Beispiel Urwiesen und Geröllfelder. Selbstverständlich mußte auch die Bepflanzung dem Vorbild entsprechen. Für unsere Hausgärten muß dies nicht unbedingt so sein. Eine ganze Reihe untypischer Pflanzen hat Einzug gehalten. Verschiedenste Sommerblumen blühen zwischen Enzianzüchtungen, Tulpen neben Alpenglockenblumen. Um allerdings erfolgreich die Gewächse in einem Steingarten oder auf einer Trockenmauer zu pflegen, müssen einige Grundregeln beachtet werden – nicht nur beim Bau, sondern auch bei der Bepflanzung. Nicht jede Pflanze wächst an jedem Standort. Boden, Lichtverhältnisse und natürlich die Pflege müssen stimmen.

Geschickt kombiniert ergeben Steingruppen und Pflanzen ein reizvolles Gesamtbild

VOM TROGSTEIN-GARTEN BIS ZUM ALPINENHAUS

Trogsteingärten

Allgemeines

In England ist es ein beliebtes und altes Hobby, einen Miniatursteingarten in einem Kübel oder einem Topf anzulegen. Zum einen benötigt man dazu nicht viel Platz – selbst ein Balkon oder eine Terrasse reichen aus –, zum anderen läßt sich eine solche Augenweide schnell und problemlos einrichten.

Alte Steintröge aus Sand- oder Kalkstein, zum Beispiel Viehtröge, wirken besonders schön. Einige Steingartenpflanzen überwuchern schnell die Trogwände, und bald sieht der Trogsteingarten so aus, als stünde er schon ewig da. Auch Mühlsteine lassen sich ohne weiteres bepflanzen. Einige Firmen bieten diese Steine an. Sie verleihen dem Balkon oder der Terrasse ein bäuerliches Flair. Der Nachteil von Viehtrögen und Mühlsteinen ist, daß man sie später nur schwer bewegen kann. Daher sollte man gar nicht erst vorsehen, diese Gefäße jedes Jahr an einen anderen Platz umzuräumen. Sie erhalten einen festen Standort, an dem sie immer bleiben können – auch im Winter.

Ausgehöhlte Baumstämme und halbierte Holzfässer lassen sich hervorragend in aparte Miniatursteingärten verwandeln. Auch schöne Blumenschalen und Töpfe sind bestens geeignet.

Dekorativer Miniatursteingarten

Trogsteingarten im Querschnitt: Ein guter Wasserabzug ist äußerst wichtig. Deshalb sollten Abflußlöcher immer vorhanden sein

Bepflanzung

Die Bepflanzung ist natürlich von der Größe des Kübels abhängig. Es gibt viele schöne Zwergzüchtungen, auch für mittelgroße Tröge. Die im Kapitel „Das Pflanzenbrevier" beschriebenen Gewächse für eine Gefäßpflanzung müssen Sie entsprechend ihrem Trog auswählen. Hohe Gewächse gehören nicht in kleine Gefäße. Stehende Nässe ist für jede Steingartenpflanze auf Dauer tödlich. Daher muß beim Einrichten eines Troges für einen guten Wasserabzug gesorgt werden. Ein Abflußloch an der tiefsten Stelle oder auch mehrere, über den Trogboden verteilt, erfüllen diese Aufgabe. Zuerst füllt man eine Dränageschicht aus grobem Kies oder Splitt ein, die etwa ein Viertel der Gefäßhöhe ausmachen soll. Darauf legt man ein Nylonnetz oder ein im Fachhandel erhältliches Filtervlies, damit die Erdschicht nicht in den Kies ausgewaschen wird und so die Filterschicht verstopft.

Die Erde muß den Ansprüchen der ausgewählten Pflanzen genügen. Das heißt, kalkliebende Gewächse erhalten ein kalkreiches Substrat, kalkfliehende bekommen einen Boden mit einem niedrigen Kalkgehalt. Wie auf Seite 34 beschrieben, muß es sich um ein einigermaßen nährstoffreiches, lockeres

Erdreich handeln. Eventuell kann man eine Bodenprobe anfertigen lassen (Adressen siehe Anhang, S. 122). Normale Gartenerde, die – wenn notwendig – mit etwas Splitt oder Sand abgemagert wurde, ist hervorragend geeignet. Man kann auch Langzeitdünger daruntermischen. Das hat den Vorteil, daß man sich um die Nährstoffversorgung während der ersten Wachstumsperiode nicht kümmern muß. Allerdings ist dieser Dünger nach einem Jahr verbraucht.

Wenn die Pflanzen eingesetzt sind, darf man das Angießen nicht vergessen. Zum Schluß deckt man freie Erdflächen mit Splitt, Kies oder anderen kleinen Steinen ab. Es ist auch möglich, größere Steine, zum Beispiel Tuff, während der Bepflanzung einzuplanen. Sie sollten unterschiedlich hoch über den Gefäßrand hinausragen. Geschickt eingesetzt, wirken sie dann wie kleine Felsen oder Gebirge.

Pflanzen für größere Trogsteingärten (Auswahl)

(Blütezeit und Wuchshöhe sind Mittelwerte. Sie variieren von Standort zu Standort.)

Laubgehölze					
Botanischer Name Deutscher Name	Blütezeit	Blütenfarbe	Max. Wuchshöhe (in cm)	Standort	Besonderes
Berberis buxifolia 'Nana' Berberitze, Sauerdorn, Buchsblättrige Berberitze	Mai	orangegelb	40	sonnig – halbschattig	Winterschutz nötig
Caryopteris x *clandonensis* Bartblume, Bastard-Bartblume	ab August/ September	blau	80	sonnig – halbschattig	empfehlenswerte Sorte: 'Heavenly Blue'
Caryopteris incana Bartblume	ab August	blau, violett	100	sonnig	geringe Frosthärte
Cytisus x *beanii* Geißklee, Ginster	Mai	gelb	80	sonnig	Hybride aus England
Daphne cneorum Rosmarinseidelbast, Wohlriechender Seidelbast	April – Mai	dunkelrosa	40	sonnig	rosa Sorte 'Major'
Erica herbacea und Sorten Schneeheide, Frühlingsheide	sortenabhängig von Dezember – April	sortenabhängig von Weiß über Rosa bis Rot	sortenabhängig bis 40	sonnig – halbschattig	bekannt unter dem bot. Namen *Erica carnea*: verschiedene sehr schöne Blattfärbungen (sortenabhängig)
Lavandula angustifolia und Sorten Echter Lavendel	Juni – August	sortenabhängig von Rosa über Blau bis Violett	sortenabhängig bis 60	sonnig	sortenabhängige Blattfärbung

Nadelgehölze			
Botanischer Name Deutscher Name	Max. Wuchshöhe (in cm)	Standort	Besonderes
Picea abies 'Little Gem' Kissenfichte, Zwergfichte Little Gem	30	sonnig – halbschattig	im Alter bis 100 cm breit
Picea glauca 'Laurin' Schimmelfichte, Weißfichte	50	sonnig – halbschattig	wirklicher Zwerg
Pinus mugo 'Mops' Bergholzkiefer, Krummholzkiefer	40, im Alter bis 80	sonnig – halbschattig	bis 60 cm breit; im Alter bis 140 cm

VOM TROGSTEINGARTEN BIS ZUM ALPINENHAUS

Stauden

Botanischer Name Deutscher Name	Blütezeit	Blütenfarbe	Max. Wuchshöhe (in cm)	Standort	Besonderes
Antennaria dioica Katzenpfötchen	Mai – Juli	Rosa- und Rottöne	15	sonnig	bedeckt schnell ganze Flächen
Aubrieta-Hybriden Blaukissen	April – Mai	Rot-, Blau- und Violettöne	10	sonnig	eine der problemlosesten Polsterstauden; viele Sorten
Campanula carpatica Karpatenglockenblume	Juni – August	Weiß über Blau bis Violett	sortenabhängig bis 40	sonnig – halbschattig	zahlreiche Gartenformen
Campanula portenschlagiana Zwergglockenblume, Dalmatiner Glockenblume	Juni – August	Blau- und Violettöne	15	sonnig – halbschattig	durch lange Blütezeit besonders wertvoll
Draba bruniifolia Hungerblümchen	April – Mai	goldgelb	5	sonnig	bildet moosartige Polster
Geranium dalmaticum Storchschnabel	Juni – Juli	rosa, weiß	15	sonnig	empfehlenswerte, weiße Sorte 'Album'
Gypsophila repens Kriechendes Schleierkraut	Mai – Juni	sortenabhängig in Weiß bis Rosa	15	sonnig	Blüten überziehen Pflanze überreich
Phlox subulata Polsterphlox	April – Mai	Rottöne, weiß, auch schieferblau	15	sonnig	überwächst mühelos Felsen, Steine und Mauern
Primula auricula Alpenaurikel, Echte Aurikel	April – Juni	gelb	10	sonnig – halbschattig	reizende Staude mit angenehmem Duft
Sempervivum-Arten und -Sorten; Hauswurz, Steinwurz, Dachwurz	art- und sortenabhängig von Juni – August	art- und sortenabhängig in Weiß, Gelb, Rosa, Rot	art- und sortenabhängig bis 25	sonnig	sollte in keinem Steingarten fehlen
Thymus serpyllum und Sorten Quendel, Feldthymian	Mai – Oktober	sortenabhängig von Weiß über Rosa bis Rot	10	sonnig	bildet schöne Teppiche

Gräser

Botanischer Name Deutscher Name	Blütezeit	Max. Wuchshöhe (in cm)	Standort	Besonderes
Festuca scoparia Bärenfellschwingel	ab Mai	10	halbschattig – absonnig	Blütenrispen überragen Laub ums Doppelte
Koeleria glauca Blaukammschmiele, Schillergras	Juni	40	sonnig	wächst aufrecht und buschig
Poa glauca Hechtblaues Rispengras	Juni – Juli	10	sonnig	Blütenrispen überragen Laub um 10 bis 25 cm

BEPFLANZTE TUFFSTEINE

In einem Frühbeetkasten sind Steingartenpflanzen im Winter gut vor Witterungseinflüssen geschützt

Bepflanzte Tuffsteine sind ein beliebtes und dekoratives Gestaltungselement

Pflege

An heißen Tagen und während warmer Perioden muß morgens und/oder abends ausreichend gegossen werden. Eine Düngung ist nur dann nötig, wenn die Pflanzen im Blütenreichtum nachlassen, kümmern oder die Blätter verblassen und weder Schädlingsbefall noch Krankheit dafür verantwortlich sind. Alles über die richtige Nährstoffversorgung steht auf Seite 56.

Auf keimendes Unkraut muß man ständig achten und es sofort entfernen, da es sonst schnell die zarten Steingartenpflanzen überwuchert.

Sehr wichtig ist ein Winterschutz. Empfindliche und teure Pflanzen überwintern im Trog an einem frostfreien, kühlen und hellen Standort im Schuppen oder Treppenhaus. Vergessen Sie nicht, hin und wieder zu gießen – jedoch in Maßen. Die Pflanzen dürfen auf gar keinen Fall vernässen.

Ein guter Winterplatz für Trogsteingärten ist das Frühbeet, wo die Gefäße in Torf oder Erde eingebettet werden. Auch im Freiland ist eine solche Überwinterung im Erdbett möglich. Zusätzlich deckt man mit Fichten- oder Tannenzweigen ab.

Für Balkon und Terrasse hat es sich bewährt, die nicht beweglichen Kästen und Töpfe mit Styropor zu ummanteln und mit Reisig abzudecken. Manche Hobbygärtner bauen gleich bei der Pflanzung eine Styroporschicht ringsum an die Innenwände des Gefäßes. Mit einer Zweigabdeckung sind die Gewächse so im Winter vortrefflich geschützt.

Bepflanzte Tuffsteine

Wissenswertes

Tuffsteine lassen sich leicht in blühende Felsen verwandeln. Tuff ist ein poröses Material, das früher für den Bau von Häusern, Kirchen und Stützmauern verwendet wurde. Heute ist die Mehrzahl der Steinbrüche, die dieses Gestein abbauten, geschlossen. Manchmal ist es daher etwas schwierig, an Tuffstein heranzukommen. Erkundigen Sie sich bei Firmen an Ihrem Wohnort. Im Bezugsquellenverzeichnis auf Seite 122 finden Sie Adressen. Eine weitere Möglichkeit wäre, sich dort Tuffstein zu holen, wo alte Bauwerke aus diesem Material abgebrochen werden.

Auch Lavatuff aus der Eifel kann bepflanzt werden. Vielleicht können Sie dieses Gestein leichter beschaffen. Tuff besitzt einen mehr oder weniger weichen Kern. Die Pflanzenwurzeln können so den Stein durchdringen und Nährstoffe finden. Der auch wegen des relativ geringen Gewichts geschätzte Tuffstein speichert im Innern eine ganze Menge Wasser.

Bei Verwendung dieses Gesteins muß aus diesem Grund auf einen guten Wasserabzug geachtet werden. Einige Fachleute empfehlen daher, Kies (Körnung 16/32, gewaschenes Material) als Untergrund und damit als Filter zu verwenden.

Bepflanzung

In Tuffsteinen befinden sich oft natürliche Vertiefungen, die zur Bepflanzung genutzt werden können. Meist wird man aber einige zusätzliche Pflanzgelegenheiten in den Stein bohren müssen. Mit einem Bohrgerät oder einem Meißel lassen sich mühelos Pflanzlöcher schaffen. Sie werden so angelegt, daß sie schräg nach hinten und unten im Stein verlaufen. Dort hinein setzt man die Pflanzen samt Erdballen und verkeilt sie mit kleinen Steinchen, so daß sie nicht herausfallen. Wird die Pflanzstelle mit einer Mischung aus Erde und Bohrmehl abgedeckt, sieht man den Unterschied zum Stein nicht mehr.
Während der ersten Wochen nach der Pflanzung darf man auf gar keinen Fall regelmäßiges Gießen vergessen. Die beste Zeit ist morgens oder abends. Auch das Besprühen mit handelsüblichen Zerstäubern ist geeignet.
Manche Gärtner empfehlen, vor der Pflanzung eine geringe Menge kompostierten Kuhmistes oder alten Kompostes in die Löcher einzubringen. Es gibt jedoch auch Stimmen, die vor einer solchen Überdüngung mit Stickstoff warnen.
Kalkfliehende Gewächse sind im Tuffstein nur mäßig gut aufgehoben. In diesem Fall wird empfohlen, Schwarztorf ins Pflanzloch zu geben, damit die Gewächse einige Jahre lang den kalkhaltigen Tuff gut ertragen. Machen Sie hier Ihre eigenen Erfahrungen. Wer sicher gehen will, wählt besser kalkverträgliche Pflanzen. Die Auswahl ist reichlich.
Bei der Bepflanzung sollte darauf geachtet werden, daß trockenheitsverträgliche Gewächse im oberen Steinbereich, die gegen Trockenheit empfindlichen unten eingesetzt werden. Der untere Teil des Steins ist nämlich stets feuchter.

Bepflanzung eines Tuffsteins: Mit Fäustel und Meißel stemmt man schräg nach hinten verlaufende Löcher aus

Die Pflanze wird eingesetzt und Erde aufgefüllt

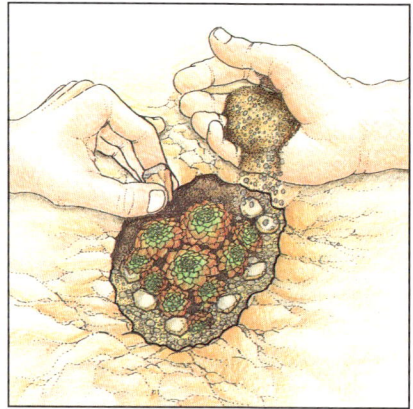
Mit kleinen Steinchen wird die Pflanze verkeilt. Zum Schluß deckt man mit Erde ab

Pflanzenauswahl

Im Kapitel „Das Pflanzenbrevier" finden Sie eine ganze Reihe von Gewächsen, die für die Bepflanzung von Tuffsteinen geeignet sind. Folgend sollen einige aufgezählt werden. *Berberis buxifolia* 'Nana' oder *Lavandula angustifolia* (kleinwüchsige Sorten) eignen sich für die Steinpflanzung. Unter den Stauden sind es *Campanula portenschlagiana*, *Dianthus plumarius* und *Dianthus gratianopolitanus*. *Jovibarba* und *Sempervivum*-Arten und Sorten lassen sich einfach in Tuff pflegen. Auch *Thymus* ist einen Versuch wert.

Pflege

An heißen Tagen und während warmer Perioden sollten Sie ab und zu morgens oder abends wässern. Falls wegen nachlassender Blütenpracht, Kümmerwuchs oder vergilbender Blätter eine Nährstoffgabe nötig ist, kann mit Flüssigdünger gegossen werden. Vorher muß man allerdings prüfen, ob diese Symptome nicht durch Schädlinge oder Krankheiten hervorgerufen werden. Dann sind andere Maßnahmen zu ergreifen.

Steingärten

Wissenswertes

Es gibt vielfältige Möglichkeiten, einen Steingarten zu gestalten. Natürliche Hänge sind besonders gut geeignet. Man kann auch auf einem flachen Gartenstück einen Teil des Bodens abtragen und zu beiden Seiten anhäufen. Es entsteht ein tiefer gelegener Weg, von dem aus sich die Steingartenpracht bewundern läßt. Steht von anderen Baumaßnahmen überflüssiges Erdreich zur Verfügung, können damit Hänge aufgeschüttet werden.

Ferner sind Geröllbeete sehr attraktiv. Außerdem lassen sich Natursteintreppen und Plattenwege mit dazwischen gesetzten Blütenstauden oder Blumenzwiebeln zum Blühen bringen. Auch eine Trockenmauer, die den Steingartenhang nach unten begrenzt, ist eine der vielen Gestaltungsideen, die jeden Garten beleben.

Manche Fachautoren unterscheiden zwischen dem natürlichen und dem architektonischen oder regelmäßigen Steingarten. Ersterer orientiert sich an der Natur, beim letzteren wird aus dem Material der Natur eine Architektur geschaffen. Drei Grundregeln für die Anlage natürlicher Steingärten sind: möglichst naturnah bepflanzen; die Steine so legen, als wären sie nie von Menschenhand berührt worden; keine gerade verlaufenden Wege gestalten.

Beim regelmäßigen Steingarten richtet sich die Gestaltung und Pflanzenwahl stärker nach den individuellen Wünschen der Gartenbesitzer. Neue Züchtungen mit grell gefärbten Blüten werden genauso gepflanzt wie die meist unscheinbaren „natürlichen" Steingartenpflanzen. Die Gartenwege können gerade beziehungsweise im rechten Winkel verlaufen. Dasselbe gilt für Rabatten und Mauern.

Wie Ihr Steingarten letztendlich aussieht, bleibt ganz Ihrem persönlichen Geschmack überlassen. Planen Sie jedoch sorgfältig, denn gefällt der Gartenteil nach der Bepflanzung nicht, müssen die schweren Steine wieder bewegt und die Gewächse an andere Stellen verpflanzt werden. Das kostet Zeit, Schweiß und Nerven und ist bei ausreichender Planung völlig überflüssig.

Ein natürlicher Steingarten sieht wie „gewachsen" aus. Die ordnende Hand des Menschen ist nicht sichtbar

Auch dieser Steingarten wurde weitgehend natürlich angelegt. Er weist jedoch einige architektonische Elemente auf

VOM TROGSTEINGARTEN BIS ZUM ALPINENHAUS

Trittsteine erleichtern notwendige Arbeiten im Steingarten

Hangsteingarten

Planung

Zuerst muß ein geeigneter Platz für die Anlage gesucht werden. Es ist wichtig, daß der Steingarten später vielleicht von der Terrasse oder einem Sitzplatz aus betrachtet werden kann. Auch ein tiefer gelegener Weg, der zu beiden Seiten schön bepflanzte Hänge zeigt, ist eine Augenweide für jeden Betrachter. Sehr wichtig ist ein guter Wasserabzug. Steingartenpflanzen können viel ertragen, aber eins macht ihnen schnell den Garaus: stehende Nässe. Ist der Gartenboden sandig und durchlässig, kann der Steingarten direkt angelegt werden. Schweres Erdreich dagegen muß zum Beispiel mit Sand abgemagert und durchlässig gemacht werden. Es ist empfehlenswert, alten, reifen Kompost oder organischen Dünger einzuarbeiten, falls der Boden keinen hohen organischen Anteil besitzt.

Manchmal wird es sogar nötig sein, den Boden abzutragen und eine Dränageschicht aus Kies einzubringen. Einige Gärtner verlegen sogar zusätzlich am Hangfuß ein Dränagerohr und führen überschüssiges Wasser in andere Gartenteile ab. Ob all das nötig ist, hängt vom Klima, der Niederschlagsmenge und der Empfindlichkeit der Pflanzen ab. Will man auf Raritäten, die Nässe schlecht vertragen, nicht verzichten, muß eine Dränageschicht vorgesehen werden, wenn der Untergrund aus sehr schwerem Erdreich besteht.

Es empfiehlt sich, einen maßstabsgetreuen Plan zu zeichnen, in den Steinanordnung und Pflanzenstandorte genau eingetragen werden. Das hat den Vorteil, daß man große, schwere Steine nicht unnötig bewegen muß. Außerdem läßt sich auf dem Papier einfach prüfen, ob allen Pflanzen auch die ihnen zusagenden Standorte zugewiesen wurden. Man darf sich nicht nur von gestalterischen Gesichtspunkten leiten lassen.

Außerdem sind Pflegestellen einzuplanen. Hier eignen sich flache Steine, die gut betreten werden können.

Aufbau

Falls eine Dränageschicht nötig ist, muß diese zuerst eingebaut werden. Dann bereitet man das Erdreich vor. Wichtig: Alle Unkräuter und besonders Wurzelunkräuter sollten sorgfältig ausgelesen und entfernt werden, möglichst mit allen Wurzelteilen.

Zuerst setzt man dann die großen Steine. Mit einer Sackkarre oder einer stabilen Steintrage lassen sich auch schwerere Brocken transportieren – allerdings braucht man dazu trotz der Hilfsmittel genügend Kraft. Bei dieser Arbeit sind Sicherheitsschuhe mit Stahlkappen zu tragen. Schutzhandschuhe sind ebenfalls empfehlenswert. Die Steine kommen an den vorgesehenen Platz. Hinten bettet man sie ein, vorn sollte die freie Steinfläche zu sehen sein. Die Steine werden so gesetzt, wie sie natürlicherweise liegen würden. Entstandene Hohlräume füllt man mit Erde auf. Einige sollten jedoch für Kleintiere belassen werden.

STEINGÄRTEN

Bepflanzung

Mit den Solitärgehölzen beginnt die Bepflanzung. Dann folgen kleinere Gehölze, danach Stauden, Farne und Gräser und schließlich Sommerblumen. Achten Sie auf den richtigen Standort!

Pflanzen in den Fugen der angrenzenden Mauern beleben die Steintreppe

Besondere Gestaltungsmöglichkeiten

GERÖLLBEET

Man verteilt auf einem Gartenstück mit einer durchlässigen Unterlage, zum Beispiel einer Schotterschicht mit Erde, abgerundete Findlinge und größere Kiesel. Durch eine sparsame Bepflanzung mit Gewächsen, die diesen kargen „Wüstenboden" vertragen, erwacht die kahle Fläche zum Leben. Die danach noch freien Erdflecken werden mit Kieseln oder Schotter abgedeckt.

BLÜHENDE TREPPEN UND WEGE

Alte Steintreppen mit kleinen Erdzwischenräumen kann man einfach beleben, indem in diese kleinen Erdflecken anspruchslose Pflanzen eingebracht werden. Dasselbe gilt für Steinwege, die in Ritzen und Spalten Stauden und Zwiebeln aufnehmen und binnen kurzer Zeit in den herrlichsten Farben erstrahlen. Dabei ist das Erdreich beziehungsweise das eingebaute Substrat entsprechend abzumagern, zum Beispiel durch Zugabe von Sand (Körnung 0/2) oder Basaltsplitt (Körnung 4/8).

Geröllbeet

VOM TROGSTEINGARTEN BIS ZUM ALPINENHAUS

Eine Lampe im japanischen Stil kann einen Steingarten bereichern

Auch auf der Terrasse läßt sich, durch Entfernen einiger Steine und entsprechende Bodenvorbereitung, ein Steinbeet errichten

Selbst auf kleinstem Raum kann man Steingartenpflanzen pflegen; wie hier in einem am Wegrand errichteten erhöhten Beet

ERHÖHTE BEETE AM WEGRAND

Wenn kein Hang zur Verfügung steht, kann man einfach erhöhte Beete schaffen und sie wie einen Steingarten anlegen. Natürlich kommen nur kleinere Flächen in Frage. Auch hier muß für einen guten Wasserabzug gesorgt werden. Steinanordnung und Bepflanzung ähneln der eines Steingartenhanges mit unter sehr.

Eine gelungene Kombination ist es, die Erhöhung mit einer niedrigen Trockenmauer zu erreichen. Die Steinfugen können dann bepflanzt werden. In Verbindung mit dem Steingartenbeet wirkt die ganze Anlage – und sei sie auch noch so zierlich – wie ein kleines Paradies.

TERRASSEN-STEINBEETE

Diese Beete werden gestaltet, indem man auf der Terrasse einfach einige Steine entfernt, den Untergrund lockert, für einen guten Wasserabzug sorgt, das Erdreich entsprechend verbessert und dann das Fleckchen Erde wie einen Ministeingarten bepflanzt. Auch hier kann man eine niedrige Trockenmauer aufbauen und ein erhöhtes Steingartenbeet errichten.

EIGENWILLIGE ELEMENTE IM STEINGARTEN

Hier sollen nur einige kurze Hinweise gegeben werden. Zum Beispiel kann man einen großen Muschelkalkstein in Einzelstellung setzen und selbst beziehungsweise von einem Steinmetz eine Halbsäule aus dem Stein heraushauen lassen.

Auch japanische Stilelemente, die immer stärker angeboten werden, wie zum Beispiel Lampen oder große Steinplatten mit Motiven, können einen Garten bereichern, wenn sie in der richtigen Umgebung ihren Platz finden.

Ein Gesteinslehrpfad gibt der Anlage einen besonderen Anstrich. Ein Weg durch den Steingarten führt an den unterschiedlichsten Steinen und der dazugehörigen Vegetation vorbei. Dabei ist es wichtig, daß der Wechsel langsam beziehungsweise durch kleine Zwischenwege getrennt, vonstatten geht. Ein solcher Pfad läßt sich nur im großen Garten verwirklichen.

Trockenmauer

Allgemeines

Eine Trockenmauer wird ohne Mörtel aufgebaut. Bekannt sind die alten, trocken aufgesetzten Mauern in den Weinbergen, die oft Höhen von 2,50 m und mehr aufweisen.

Heute sind viele dieser Mauern vom Einsturz bedroht. Fällt eine zusammen, machen sich die Besitzer meist nicht mehr die Mühe, sie neu aufzubauen. Dabei sind sie wertvolle Wohnstätten für allerlei Getier und die verschiedensten, oft selten gewordenen Pflanzen. Im Garten lassen sich Trockenmauern relativ einfach errichten. Allerdings ist viel Muskelarbeit erforderlich, um die doch recht schweren Steine zuzuschlagen, aufeinander zu schichten und entsprechend zu hinterfüttern. Wir können damit jedoch wichtige Biotope selbst in kleineren Hausgärten schaffen. Bald stellen sich Kleintiere und viele Vertreter aus der Insektenwelt ein und belohnen uns für die harte Arbeit.

Oft werden Trockenmauern als Abstützung an einen Hang angelehnt. Freistehend, ohne Fundament, sollten sie nicht höher als 40 cm gebaut werden, um noch ausreichend stabil zu sein. Wir kennen außerdem die Trockenmauerwälle (siehe Seite 22).

Trockenmauern zählen zu den Extremstandorten. In den kleinen Rissen, Spalten und Hohlräumen finden die Pflanzenwurzeln nur wenig Erdreich, aus dem sie Nährstoffe und Wasser aufnehmen können. Jedoch spielt bei dieser Betrachtung auch der Standort innerhalb der Mauer eine wichtige Rolle.

Grob lassen sich drei Teile unterscheiden: Mauerkrone, Mauerritzen und Mauerfuß. Am Fuß herrschen meist die

„Blühende" Mauer

Trockenmauer aus unbehauenen Steinen

günstigsten Wachstumsbedingungen. Der Boden ist ausreichend hoch und nährstoffreich, die Wasserversorgung gut. Die Mauerritzen bieten den extremsten Standort. Den Gewächsen steht nur wenig Erdreich und Feuchtigkeit zur Verfügung. Auf der Krone sind die Bedingungen wieder etwas besser. Wichtig ist daher die Auswahl der richtigen Stauden und Gehölze für die entsprechenden Bereiche!

Material

Sand- und Kalksteine eignen sich hervorragend für eine Trockenmauer. Bei Natursteinfirmen kann man verschiedene Steine kaufen. Schauen Sie sich das Material vor Ort an, und wählen Sie die Ihnen zusagende Qualität.

Es gibt unbehauene und in die richtige Form gesägte oder geschlagene Steine im Fachhandel. Letztere sind um einiges teurer, haben aber den Vorteil, daß die Trockenmauer wesentlich schneller aufgebaut ist und einiges an Arbeit gespart wird. Allerdings besitzen diese Steine oft nicht genügende Tiefe, so daß es schwer ist, eine ausreichende Stabilität zu erreichen. Dann hilft nur noch, die Mauer zu hinterbetonieren. Wer das nicht will, muß die Steine selbst in die richtige Form schlagen.

Aufbau

Trockenmauern ohne betoniertes Fundament vor einem Hang sollten nicht höher als 1 m sein, damit sie hinreichend stabil sind. Die Breite des Mauerfußes beträgt etwa ein Drittel der Höhe, die Krone erhält etwa zwei Drittel vom Mauerfuß. Freistehende Mauern ohne Fundament baut man höchstens 40 cm hoch.

Bei keinem Mauertyp ist ein Fundament nötig, wenn er die Höhe 40 cm nicht überschreitet. Wird sie überschritten, muß ein labiles Fundament gebaut werden. Labil heißt, daß es sich wieder setzen kann, falls es durch Frosteinwirkung angehoben wird.

Die Mauerschräge oder Dosierung, wie man das in der Fachsprache nennt, muß 10 – 15 % (auch etwas mehr) betragen. Meist erreicht man das durch den schrägen Einbau der einzelnen Steine in das Erdreich.

Fachleute unterscheiden grundsätzlich das regelmäßige Schichtmauerwerk vom unregelmäßigen Schichtmauerwerk oder Wechselmauerwerk. Beim ersten sind die Einzelsteine einer Schicht immer gleich hoch, jedoch innerhalb der Mauer unterschiedlich. Beim Wechselmauerwerk baut man häufig Wechsler ein; das sind Steine, bei denen die Steinhöhe geändert (gewechselt) wird (siehe Seite 43).

Es ist ausgesprochen wichtig, daß genügend Binder eingebaut werden. Binder sind Steine, die weit ins dahinterliegende Erdreich hineinragen. Sie geben der Mauer Stabilität. Etwa ein Drittel bis ein Viertel aller Mauersteine sollten deshalb Binder sein.

Die oberste Lage besteht aus gleichhohen Steinen. Sie dürfen nicht zu klein sein. Größere Abschlußsteine sorgen für eine stabile Mauerkrone.

Hinter den Mauersteinen wird eine Dränageschicht aus Kies und eventuell einem Vlies ausgebildet. Kurz unterhalb der Mauerkrone endet die Dränage. Zusätzlich kann man Dränagerohre verlegen. Das ist allerdings nur in einem ausgesprochen regenreichen Gebiet nötig beziehungsweise dann, wenn wasserführende Erdschichten von der Mauer angeschnitten werden (Schichtenwasser).

Trockenmauerwall

Ein Trockenmauerwall (manchmal auch als freistehende Trockenmauer bezeichnet) besteht sozusagen aus zwei Mauerteilen, die gegeneinander gelehnt werden. Er ist unten etwa 2 m

TROCKENMAUER

breit. Das Kronenmauerplateau weist dann eine Breite von 1 m auf. Die Höhe sollte 1 m nicht überschreiten.

Auch hier muß jeweils eine Mauerschräge von mindestens 10 – 15 % eingehalten werden, damit der Wall genügend stabil ist. Der Kern wird mit Schotter und Steinresten (Bauschutt) aufgefüllt. Das garantiert eine gute Dränage. Oben füllt man Gartenerde auf, die mit Splitt oder grobem Sand abgemagert wurde.

Trockenmauerwälle sollten nicht an einen Festungswall erinnern. Eine leichte S-Form oder eine geschwungene Linie fügt sich harmonischer in die Gartenatmosphäre ein.

Bepflanzung

Bei der Auswahl der Pflanzen muß man die Standortansprüche besonders berücksichtigen. So gedeihen auf der halbschattigen Seite eines Trockenmauerwalls andere Gewächse als auf der vollsonnigen. Am Mauerfuß wachsen Pflanzen, die in Mauerritzen verkümmern würden.

Im Kapitel „Das Pflanzenbrevier" finden Sie alles, was Sie für die fachgerechte Wahl wissen müssen. Die in diesem Buch gemachten Angaben über Pflanzen für die Mauerkrone oder -ritzen müssen Sie entsprechend der Größe Ihrer Anlage aussuchen.

Pflanzen für die Mauerkrone

(Blütezeit und Wuchshöhe sind als Mittelwert angegeben. Sie variieren von Standort zu Standort.)

Laubgehölze					
Botanischer Name Deutscher Name	Blütezeit	Blütenfarbe	Max. Wuchshöhe (in cm)	Standort	Besonderes
Berberis buxifolia 'Nana' Buchsblättrige Berberitze	Mai	orangegelb	40	sonnig – halbschattig	Winterschutz nötig
Caryopteris incana Bartblume	ab August	blau, violett	100	sonnig	geringe Frosthärte
Cytisus x *beanii* Geißklee, Ginster	Mai	gelb	80	sonnig	Hybride aus England
Cytisus decumbens Geißklee, Frühlingszwergginster	Mai – Juni	gelb	20	sonnig	Winterschutz nötig
Daphne cneorum Rosmarinseidelbast, Wohlriechender Seidelbast	April – Mai	dunkelrosa	40	sonnig	rosa Sorte 'Major'
Lavandula angustifolia und Sorten Echter Lavendel	Juni – August	sortenabhängig von Rosa über Blau bis Violett	sortenabhängig bis 60	sonnig	sortenabhängige Blattfärbung

Stauden					
Botanischer Name Deutscher Name	Blütezeit	Blütenfarbe	Max. Wuchshöhe (in cm)	Standort	Besonderes
Alyssum suxatile Steinkraut	April – Mai	Gelbtöne	35	sonnig	für Steingartenanfänger; für Fugenbepflanzung geeignet
Arabis caucasica Gänsekresse	März – April	Weiß vorherrschend, auch Rottöne	25	sonnig	für Steingartenanfänger
Armeria maritima Grasnelke, Strandgrasnelke	sortenabhängig von Juni – September	Weiß- und Rottöne	25	sonnig	genügsam

VOM TROGSTEINGARTEN BIS ZUM ALPINENHAUS

Stauden (Fortsetzung)

Botanischer Name Deutscher Name	Blütezeit	Blütenfarbe	Max. Wuchshöhe (in cm)	Standort	Besonderes
Aubrieta-Hybriden Blaukissen	April – Mai	sortenabhängig Rot-, Blau- und Violettöne	10	sonnig	eine der problemlosesten Polsterstauden; viele Sorten
Campanula carpatica Karpatenglockenblume	Juni – August	sortenabhängig von Weiß über Blau bis Violett	sortenabhängig bis 40	sonnig – halbschattig	zahlreiche Gartenformen
Campanula portenschlagiana Zwergglockenblume, Dalmatiner Glockenblume	Juni – August	Blau- und Violettöne	15	sonnig – halbschattig	durch lange Blütezeit besonders wertvoll; für Fugenbepflanzung geeignet
Cerastium tomentosum Hornkraut	Mai – Juni	weiß	15	sonnig	als Bodendecker geschätzt; für Fugenbepflanzung geeignet
Dianthus plumarius Federnelke	Mai – Juni	sortenabhängig von Weiß über Rosa bis Rot	30	sonnig	bildet kräftige, dichte Polster
Draba bruniifolia Hungerblümchen	April – Mai	goldgelb	5	sonnig	bildet moosartige Polster
Dryas x *suendermanii* Silberwurz	Juni – Juli	weiß	10	sonnig	Hybride; nur für größere Anlagen
Dryas octopetala Silberwurz	Juni – Juli	weiß	10	sonnig	niederliegende, bis 50 cm lange Triebe
Geranium dalmaticum Storchschnabel	Juni – Juli	rosa, weiß	15	sonnig	empfehlenswert; weiße Sorte 'Album'
Gypsophila repens Kriechendes Schleierkraut	Mai – Juni	sortenabhängig von Weiß bis Rosa	15	sonnig	Blüten überziehen Pflanze überreich; für Fugenbepflanzung geeignet
Iberis saxatilis Schleifenblume	April – Mai	weiß	10	sonnig	Winterhärte nicht immer ausreichend
Leontopodium alpinum Alpenedelweiß	Juni – Juli	weißlich bis gräulich	20	sonnig	schöne, großblütige und reich blühende Sorten
Lewisia cotyledon Bitterwurz	Juni – August	sortenabhängig in Weiß, Gelb, Orange, Rosa und Rot	20	halbschattig – schattig	für kalkfreie Böden
Phlox subulata Polsterphlox	April – Mai	Rottöne, weiß, auch schieferblau	15	sonnig	überwächst mühelos Felsen, Steine und Mauern
Primula auricula Alpenaurikel, Echte Aurikel	April – Juni	gelb	10	sonnig – halbschattig	reizende Staude mit angenehmem Duft; für Fugenbepflanzung geeignet
Sedum acre Mauerpfeffer, Scharfe Fetthenne	Juni – Juli	gelb	10	sonnig	starker Ausbreitungsdrang, daher rechtzeitig Auslichten und Schneiden; für Fugenbepflanzung geeignet
Sedum album und Sorten Weißer Mauerpfeffer, Dickblättriges Schneepolstersedum	Juni – August	sortenabhängig von Weiß über Rosa bis Rot	15	sonnig	dankbare Pflanze auch für mageres Erdreich; für Fugenbepflanzung geeignet

TROCKENMAUER

Stauden (Fortsetzung)					
Botanischer Name Deutscher Name	Blütezeit	Blütenfarbe	Max. Wuchshöhe (in cm)	Standort	Besonderes
Sempervivum-Arten und -Sorten; Hauswurz, Steinwurz, Dachwurz	art- und sortenabhängig von Juni – August	art- und sortenabhängig in Weiß, Gelb, Rosa und Rot	art- und sortenabhängig bis ca. 25	sonnig	sollte in keinem Steingarten fehlen; für Fugenbepflanzung geeignet
Thymus serpyllum und Sorten Quendel, Feldthymian	Mai – Oktober	sortenabhängig von Weiß über Rosa bis Rot	10	sonnig	bildet schöne Teppiche

Gräser				
Botanischer Name Deutscher Name	Blütezeit	Max. Wuchshöhe (in cm)	Standort	Besonderes
Festuca cinerea Blauschwingel	Mai – Juni	20	sonnig	anspruchslos
Festuca ovina Schafschwingel	Juni – Juli	20	sonnig	Sorten mit anderen Wuchshöhen
Festuca scoparia Bärenfellschwingel	ab Mai	10	halbschattig – absonnig	Blütenrispen überragen Laub ums Doppelte
Melica ciliata Wimperperlgras	Mai – Juni	60	sonnig	schönes Ziergras
Poa glauca Hechtblaues Rispengras	Juni – Juli	10	sonnig	Blütenrispen überragen Laub um 10 bis 25 cm
Sesleria caerulea Blaugras, Blaues Kopfgras	April – Juni	25	sonnig	blau bereiftes Blatt
Stipa barbata Reiherfedergras	Juli – August	80	sonnig	sehr schöne, elegant überhängende Rispen

Farne (nur für beschattete, feuchte Standorte in humosen und kalkarmen Böden)			
Botanischer Name Deutscher Name	Max. Wuchshöhe (in cm)	Standort	Besonderes
Asplenium ruta-muraria Mauerraute	15	halbschattig – absonnig	ausgesprochener Mauerfarn
Asplenium trichomanes Braunstieliger Streifenfarn, Steinfeder	15	halbschattig – absonnig	ausgesprochener Mauerfarn
Phyllitis scolopendrium Hirschzungenfarn	40	halbschattig – schattig	viele schöne Gartenformen mit verschiedenen Wedel- und Blattformen
Polypodium interjectum Gesägter Tüpfelfarn, Großer Tüpfelfarn	60	halbschattig – schattig	viele schöne Gartenformen mit interessanten Wedel- und Blattformen

VOM TROGSTEINGARTEN BIS ZUM ALPINENHAUS

Wasser im Steingarten

Nur die wenigsten Gartenbesitzer haben das Glück, eine natürliche Quelle oder einen kleinen Bachlauf auf dem eigenen Grund und Boden zu haben. Trotzdem sollte Wasser in keinem Steingarten fehlen, und sei es nur eine Vogeltränke aus Naturstein oder Ton, die unter Umständen in die Erde eingesenkt wird. Bald werden Sie bemerken, daß selbst dieses bißchen Wasser verschiedene Tiere anlockt und die gesamte Anlage belebt.

Eine andere einfache Möglichkeit sind Quellsteine, die von verschiedenen Firmen angeboten werden. Selbstbausets, die alle nötigen Bestandteile beinhalten, garantieren einen problemlosen Zusammenbau und einfache Installation. Allerdings sind diese Sets nicht gerade billig, belohnen jedoch durch leichte Handhabung und Belebung des Steingartens.

Wer mehr Platz zur Verfügung hat, kann sich auch für eine Quelle mit kleinem Wasserfall und einem Wassersammelbecken entscheiden. Diese Anlagen funktionieren über ein Umwälzverfahren. Eine Pumpe drückt das Wasser aus dem Sammelbecken ständig hoch zur Quelle. Für große Anlagen kann zusätzlich ein Bachlauf eingebaut werden. Sehr reizvoll wirkt es auch, wenn das Wasser von der Quelle erst über verschieden hohe Wasserbecken rinnt, bevor es in einem Bach zum Teich fließt.

Bei diesen aufwendigen und auch teuren Anlagen sollte ein Gartenarchitekt oder eine Fachfirma zu Rate gezogen werden, damit das Geld letztendlich nicht für falsche Einrichtungen zum Fenster hinausgeworfen wird. Außerdem ist es sehr ärgerlich, wenn der

Vogeltränke

Das Alpinenhaus

Früher unterhielten nur passionierte Sammler ein Alpinenhaus. Heute jedoch, wo Fachfirmen preiswerte Selbstbausets für Kleingewächshäuser anbieten, hat dieses Hobby mehr Freunde gefunden. In England ist es schon seit langem sehr beliebt.

Ein Alpinenhaus verlängert das Gartenjahr. Die ersten Blüten öffnen sich schon im Februar, und auch im Oktober ist es mit der Pracht unter Glas noch nicht vorbei. Ein weiterer großer Vorteil ist, daß in einem beheizbaren Gewächshaus auch frostempfindliche Pflanzen gepflegt und überwintert werden können. Man sollte, wenn ausreichend Platz zur Verfügung steht, zwei Abteilungen im Glashaus schaffen, eine beheizbare und eine unbeheizte.

Wasser und Steingarten schließen sich nicht aus

Die Wasserversorgung der nässeempfindlichen Pflanzen kann unter Glas hervorragend gesteuert werden. Die Gewächse stehen entweder in Töpfen, die in einem Kies-Stein-Beet auf den Gewächshaustischen oder direkt in einer geeigneten Erdmischung eingesenkt sind. Wählt man die zweite Möglichkeit, muß für eine Dränage unter der zirka 20 cm hohen Erdschicht gesorgt werden.

Bei der Bepflanzung sind die Ansprüche der einzelnen Gewächse zu berücksichtigen, sonst wird man auf gesundes Wachstum und herrliche Blüten unter Umständen vergeblich warten.

Kalkfliehende Pflanzen sollten mit Regenwasser gegossen werden, aber auch den kalkliebenden schadet ab und zu ein solcher Guß nicht. Im Sommer ist eine gute Lüftung unerläßlich, außerdem wird bei starker Sonneneinstrahlung schattiert. Es ist wichtig, daß weder stickige Luft noch Zugluft im Glashaus herrschen.

Im Winter benötigen die meisten Gewächse ganz wenig bis gar kein Wasser mehr. Eine Schattierung ist bei starker Wintersonne ratsam.

schön geplante Bachlauf undicht ist oder die Quelle nicht funktioniert. Elektrische Leitungen müssen in jedem Fall von Fachleuten verlegt und angeschlossen werden.

Wie überall, wo Wasser zu finden ist, werden sich bald schillernde Libellen, Rückenschwimmer und Teichläufer ansiedeln. Wenn Sie Glück haben und die Lebensbedingungen gut sind, finden sich vielleicht sogar Frösche oder Molche ein.

Steingarten unter schützendem Glas: das Alpinenhaus

ALLES ÜBER STEINE, FELSEN UND GERÖLL

ALLES ÜBER STEINE, FELSEN UND GERÖLL

Ein wenig Gesteinskunde

Um die verschiedenen Gesteinsarten etwas besser kennenzulernen, sollen vorweg einige grundsätzliche Begriffe erklärt werden. Fachleute teilen sie in drei Gruppen ein:
1. Magmatite oder Erstarrungsgesteine,
2. Sedimente oder Ablagerungsgesteine und
3. Metamorphite oder Umwandlungsgesteine

Magmatite: Diese Gesteine sind bei der Erstarrung der flüssigen Gesteinsmassen, des Magmas, enstanden. Nach dem Ort der Entstehung unterscheidet man Tiefen-, Gang- und Ergußgesteine. Die beiden wichtigsten Vertreter sind Granit, ein Tiefengestein, und Basalt, ein Ergußgestein. Sie sind hart und verwitterungsstabil.
Im Harz und Schwarzwald sind Granite, im Vogelsberg und der Rhön Basalte weit verbreitet.
Sedimente: Diese Gesteine entstanden durch die Verwitterung der Magmatite. Wichtige Vertreter der lockeren Sedimente sind Ton, Sand und Lehm, der verfestigten Sand- und Kalkstein. Letzte kommen für Steingärten und Trockenmauern in Frage. Unter den Sandsteinen sind besonders die des Buntsandsteins, des Keupers und der Kreide bekannt.
Buntsandstein ist u. a. im Solling, Reinhardswald, Hessischen Bergland, Spessart, östlichen Odenwald, Pfälzer Wald und Nord-Schwarzwald weit verbreitet. Keupersandsteine kommen im Steigerwald sowie in der Frankenhöhe, die Kreidesandsteine im Elbsandsteingebirge sowie im Hils, Osning und Deister vor.

Basalt, ein Erstarrungsgestein

Tuffstein, ein kalkhaltiger Vertreter der Ablagerungsgesteine

Sandstein gehört zu den Ablagerungsgesteinen (Sedimente)

Gneis, ein Umwandlungsgestein

Es gibt Sandsteine in verschiedenen Farben. Zum Beispiel kennen wir den ockerfarbenen Rätsandstein aus dem Raum Tübingen oder den roten Buntsandstein aus anderen Gegenden.
Unter den Kalk- oder Karbonatgesteinen sind der Muschelkalk aus Mitteldeutschland, Jurakalke aus Süddeutschland und Trias- sowie Jurakalke aus dem Alpengebiet bekannt. Ausgesprochene Plattenkalke sind für unsere Zwecke weniger zu empfehlen, da sie schnell verwittern und zerfallen. Mehr örtliche Bedeutung haben der Travertin, ein ockerfarbener Süßwasserkalk aus dem Raum Stuttgart und der Gauinger Travertin aus Zweifalten, ein graubrauner Süßwasserkalk.
Zuletzt soll der Tuffstein genannt werden. Diese kalkhaltigen Steine erfreuen sich allgemeiner Beliebtheit, da sie in natürlichen oder künstlich geschaffenen Vertiefungen Pflanzen aufnehmen können. Sie werden damit zu „lebenden" Steinen. Viele Steinbrüche für diesen Tuffstein sind heute leider nicht mehr in Betrieb. Allerdings führen einige Natursteinhandlungen dieses interessante Material.
Metamorphite: Diese Gesteine entstehen durch Druck- und Temperatureinwirkungen aus Magmatiten und Sedimenten. Sie treten zum Beispiel in den Alpen, im Schwarzwald, Odenwald, Spessart, im Bayerischen und im Thüringer Wald sowie im Rheinischen Schiefergebirge auf. Wichtige Vertreter sind die Gneise, die auch oft von Natursteinfirmen angeboten werden. Wegen der Bearbeitbarkeit und den Kosten ist es für Gärtner und Landschaftsarchitekten sinnvoller, die Einteilung in Hart- und Weichgesteine vorzunehmen. Granit und Basalt gehören zu ersteren, Kalk- und Sandsteine zu letzteren.

Transport, Kosten und Bezugsquellen

Man sollte sich keine falschen Vorstellungen über das Gewicht und die anfallenden Kosten für das Gestein machen. Daher wird empfohlen, Material aus der Nähe zu beziehen. Das senkt zum einen erheblich die Transportkosten, außerdem wirken ortsfremde Gesteine im eigenen Garten nur wenig.
Viele Firmen liefern Ihnen die ausgewählten Steine direkt in den Garten; andere tun das nicht. Man muß dann eine Mulde bestellen, die bei der Natursteinhandlung beladen und später von der Transportfirma zum Grundstück gefahren wird. Einige Firmen lassen sich den Transport auf Stundenbasis vergüten, andere nehmen einen Pauschalpreis, der sich nach Gewicht und Weg berechnet. Ganz billig ist der Transport in keinem Fall. Über die genauen Kosten müssen Sie sich vor Ort erkundigen.
Große Gesteine lassen sich selbst mit vielen starken Händen nicht bewegen. So wiegt zum Beispiel ein Großkiesel aus Granit mit zirka 80 cm Durchmesser etwa 800 kg, einer mit 70 cm ungefähr 500 kg und einer mit 40 cm immer noch 100 kg. Sehr große Steine werden von der Natursteinfirma oder einem Landschaftsgärtner gesetzt. Man muß diese Hilfe dann in Anspruch nehmen, wenn kein eigenes Hebefahrzeug zur Verfügung steht. Das Setzen durch die Firma verursacht zusätzliche Kosten, die durch eine exakte Standortplanung der Großsteine vermindert werden können.
Auch das Gestein selbst ist nicht billig. Bei Trockenmauern bezahlt man für 1 m² Ansichtsfläche zwischen DM 150 und 400 (Stand 1989), abhängig von Gesteinsart und Firma. Für Kiesel und große Steinbrocken richten sich die Preise nach Gewicht und/oder Durchmesser. Über die Kosten für das Material und den Transport erkundigt man sich am besten direkt bei den Firmen. Im Branchenfernsprechbuch unter der Rubrik „Natursteine" und „Steinbrüche" finden Sie Adressen in Ihrer Nähe. Suchen Sie ruhig verschiedene Firmen auf, und vergleichen Sie Steinqualität, -farbe und Preise.

Kriterien für die Steinauswahl

Die Geschmäcker sind verschieden, und letztendlich muß Ihnen der Steingarten beziehungsweise die Trockenmauer gefallen. Es herrscht die allgemeine Meinung vor, daß die Steine so angeordnet werden müssen, daß sie wie von der Natur hingelegt aussehen. Doch es gibt gewiß auch Menschen, die einen hochkant aufgestellten, dünneren, exotisch wirkenden Stein reizvoller finden.
Folgend werden einige Kriterien aufgezählt, die bei der Anordnung im Steingarten zu beachten und für die Auswahl der Steine daher von Bedeutung sind:
1. Man sollte keine zu unterschiedlichen Steine verwenden. Das wirkt unnatürlich und fremd. Auch in der Natur wechseln die Gesteine nicht innerhalb weniger Meter.
2. Ein Stein mit rötlicher Färbung sollte nicht inmitten grauer liegen.
3. Besitzt ein Stein einen farbigen Streifen, sollte er sich in der Trockenmauer durch angrenzende Steine fortsetzen. Bei diesen „Steinbändern" handelt es sich um den Einschluß verschiedener Mineralien.
4. Mischen Sie runde (Fluß-) Findlinge nicht mit kantigen (Bruch-) Steinen.

Mineralieneinschluß, auch „Steinband" genannt

Steine für Trockenmauern

Sand- und Kalksteine sind für den Bau von Trockenmauern zu empfehlen. Sie besitzen Schichten (siehe auch Seite 30), die nach natürlichem Vorbild auch im Steingarten waagerecht verlaufen sollten. Die verschiedenen Firmen bieten unbehauene und in die richtige Form zugesägte oder gehauene Steine an. Letztere können bis zu 100 % teurer sein, haben allerdings den Vorteil, das die Trockenmauer wesentlich schneller gebaut ist. Ein Nachteil kann sein, daß das Mauerwerk später zu regelmäßig wirkt. Das größte Manko liegt aber darin, daß diese Steine oft nicht tief genug sind und daher zu wenig in die dahinterliegende Erde reichen. Dadurch ist die Stabilität nicht gewährleistet, außer die Mauer wird hinterbetoniert. Es ist am besten, wenn man sich die Steine vor Ort anschaut und sich dann für die eine oder andere Möglichkeit entscheidet.

DER RICHTIGE BODEN

DER RICHTIGE BODEN

Grundsätzliches

Das A und O ist die gute Wasserdurchlässigkeit des Erdreiches. Nicht nur der Untergrund soll diese Eigenschaft aufweisen, sondern der gesamte Boden. Außerdem muß er ausreichend Humus und genügend Nährstoffe besitzen. Früher hieß es, daß Steingartenpflanzen ein ausgesprochen mageres Erdreich benötigen, um Wachsen und Gedeihen zu können. Das stimmt sicherlich für viele unserer Hochgebirgspflanzen, nicht aber unbedingt für alle Gewächse, die wir in unsere Steingärten setzen. Heutzutage sehen die Gärtner die Steingartenbepflanzung sowieso nicht mehr so streng wie die Alpinengärtner. „Normale" Zwiebelblumen wie Tulpen wachsen genauso zwischen den Steinen wie Edelweiß- und Enzianzüchtungen. Ein lockerer, guter Gartenboden ist für eine Steingartenpflanzung gut geeignet. Bestimmte Pflanzen verlangen ein spezielles Erdreich, zum Beispiel Rhododendren und Heidekrautgewächse. Darauf muß man Rücksicht nehmen. Der überwiegende Teil der Steingartengewächse kommt mit einem pH-Wert von 5 bis 6,5 gut zurecht. Nur wenige, wie zum Beispiel *Gentiana sinoornata* und einige Heidekrautgewächse, brauchen einen saureren Boden. Eines muß man in diesem Zusammenhang noch wissen: Je humusreicher und durchlässiger ein Standort ist, um so ausgeprägter ist die Toleranz der Steingartenpflanzen gegenüber dem Säuregehalt.

Pflanzvorbereitungen: Der Boden wird von Unkraut und Steinen befreit

Kriterien für einen guten Steingartenboden

- durchlässig; schweren Boden mit Splitt oder Sand mischen
- guter Humusgehalt, genügend Nährstoffe
- pH-Wert zwischen 5 und 6,5
- für kalkfliehende Pflanzen spezielle käufliche Erde oder Torf beimischen

Erdreich für Steingärten

Es ist sehr schwer, auf jeden einzelnen Gartenboden speziell einzugehen. Daher gilt als Richtwert für eine gute Steingartenerde folgendes: Sie sollten bei der Erdmischung das Gefühl haben, daß es sich um gute, lockere Gartenerde handelt, die allerdings nicht ganz so schwer ist wie normal. Bei viel Feuchte darf der Boden nicht zusammenkleben. Er muß eine dunkle Färbung aufweisen. Wichtig ist auch, daß man alle Unkrautwurzeln, Bauschutt- und groben Holzreste entfernt. Ist das vorhandene Erdreich undurchlässiger Lehm- oder Tonboden, dann wird es mit Sand, Kies oder Splitt vermischt. Mit altem, reifem Kompost kann man die Mischung aufwerten. Sehr leichte Sandböden werden mit Lehm- beziehungsweise Gartenerde und altem Kompost etwas bindiger. Gut vererdeter Rindenhumus wird teilweise als Zusatz (statt Kompost) empfohlen. Doch gehen hier die Meinungen der Fachleute auseinander.

ERDMISCHUNG FÜR TROCKENMAUERN

Geeigneten Boden herstellen

1. Vorhandenes Erdreich von Unkrautwurzeln, Bauschutt- und Holzresten usw. befreien.
2a. Schweres Erdreich mit Splitt und Sand lockern und alten, reifen Kompost untermischen.
2b. Leichten Sandboden mit altem, reifem Kompost, Lehm- beziehungsweise Gartenerde bindiger machen.
3. Eventuell Rinderdünger oder andere organische Dünger untermischen.
4. Bei Pflanzen, die saureren Boden verlangen, dem Pflanzloch Torf oder Spezialerde hinzufügen.

Bei schwerem Erdreich mischt man Sand oder Splitt unter

Erdmischung für Trockenmauern

Für Fugen und Spalten beziehungsweise für den Trockenmauerkopf wird magereres Substrat empfohlen als für Steingärten. Vorhandene Gartenerde wird mit Splitt abgemagert und eventuell mit altem, reifem Kompost (gut vererdeter!) etwas aufgewertet. Als grobe Richtlinie für die Mischung gilt: Gartenerde, Splitt und Kompost im Verhältnis 3:1:1 verwenden.

Leichtem Boden wird Gartenerde, Lehm oder reifer Kompost zugegeben

PLANUNG UND BAU VON STEINGÄRTEN UND TROCKENMAUERN

PLANUNG UND BAU VON STEINGÄRTEN UND TROCKENMAUERN

Planung von Steingärten und Trockenmauern

Ein paar Worte vorweg

Einen Steingarten anzulegen oder eine Trockenmauer zu bauen, das bedeutet harte Arbeit. Eine gute Planung hilft, die Muskelarbeit möglichst gering zu halten und vor allen Dingen nach der Fertigstellung auch das zu haben, was man sich vorgestellt hat. Daher muß rechtzeitig mit einer sorgfältigen Planung begonnen werden. Dazu gehört auch, sich über die anfallenden Arbeiten sehr genau bewußt zu werden und sich zu fragen, ob man das wirklich durchhält. Sonst sollte lieber ein Gartenarchitekt beauftragt werden.

Ein paar Wochen Zeit für die Planung ist durchaus angemessen. Hat man nämlich erst einmal stundenlang tonnenweise Steine durch die Gegend geschleppt, wird man kaum Lust verspüren, einen Brocken umzusetzen oder gar einen anderen zu kaufen. Gepflanzte Gehölze und Stauden sollten tunlichst auch nicht am nächsten Tag schon einen anderen Platz erhalten. Einige Pflanzen werden bei solchen Aktionen eingehen oder große Anwachsschwierigkeiten haben.

Es empfiehlt sich, einen oder mehrere Helfer zu haben, die besonders beim Setzen der großen Felsbrocken helfen. Allein kann man das nicht bewerkstelligen, außer man ist „motorisiert".

Es ist ratsam, vor dem Beginn der Arbeiten eine genaue Skizze der gewünschten Anlage zu zeichnen. Der Plan sollte Himmelsrichtungen, Steinverteilung und Bepflanzung enthalten. Die Abbildung oben zeigt einen Steingarten am Hang, der von einer Treppe und einem Wasserlauf mit Teich unterbrochen wird. Eine pflanzenbesiedelte Trockenmauer als Terrassenbegrenzung bietet zusätzliche Gestaltungsideen, die jeden Garten beleben.
1. Wohnhaus 2. Terrasse 3. Solitärgehölz 4. Laubbaum 5. Trockenmauer 6. Treppe 7. Hochbeet 8. Wasserlauf mit Teich
Abbildung unten: Vergrößerter Querschnitt durch die Anlage (Linie A – B)

Standort und Größe

Zuerst muß ein geeigneter Standort im Garten gefunden werden. Steingartenpflanzen sind Sonnenkinder. Einen ganztags schattigen Platz dürfen weder eine Steingartenanlage noch eine Trockenmauer erhalten. Ist der Platz ausgewählt, wird er einige Tage lang beobachtet. Am besten schreibt man sich auf, wie lange er von der Sonne beschienen wird und vermerkt Stellen, die im Schatten liegen. Aufgrund dieser Angaben kann später die Bepflanzung vorgenommen werden.

Wenn nur ein flaches Gartenstück zur Verfügung steht, aber ein Steingartenhang gewünscht wird, sind Überlegungen nötig, wie der Hügel ausgebildet werden soll. Auch ist festzulegen, woher die aufzuschüttende Erde kommt. Zum Beispiel kann man eine Art Hohlweg gestalten, und die abgetragene Erde zur Hangausbildung benutzen. Manchmal steht auch vom Hausbau oder einem Teichaushub Erdreich zur Verfügung. Der Boden muß jedenfalls durchlässig sein!
Die Länge und Breite des Steingartens oder der Trockenmauer sollte festgelegt und aufgeschrieben werden. Das ist für den späteren Pflanzen- und Steinkauf ausgesprochen wichtig.

Plan zeichnen

Es empfiehlt sich, eine genaue Skizze der gewünschten Anlage zu zeichnen. In diese Skizze werden Himmelsrichtungen, Steinverteilung und Bepflanzung eingetragen.
Ein Plan hat den Vorteil, daß sich schnell kontrollieren läßt, ob für die Gewächse ein pflanzengerechter Standort gewählt wurde. Außerdem kann hinterher leicht eine Pflanzen- und eine Materialliste (Steine) für den Kauf angefertigt werden.
Wenn eine Quelle oder ein Bach mit Teich gewünscht wird, muß auch das mit in den Plan. Bei aufwendigeren Anlagen ist es dringend anzuraten, einen Gartenarchitekt oder Gärtner um Rat und Hilfe zu bitten.

Erdreich prüfen

Ist ein geeigneter Standort für den Steingarten gefunden, muß der Boden überprüft werden. Wenn das Erdreich zu schwer ist, mischt man Sand unter. Zu leichter Boden wird mit Gartenerde, altem, reifem Kompost oder Lehm bindiger gemacht.
Auch der Unterboden muß getestet werden. Handelt es sich um undurchlässige Schichten, dann ist eine Dränage nötig (siehe dazu auch Seite 40). Alles, was man für die Bodenverarbeitung und -verbesserung benötigt, wird in eine Materialliste eingetragen.

Material-, Werkzeug- und Pflanzenliste

Bevor man nun loszieht, um sich alles Nötige zu besorgen, sollten Listen aufgestellt werden. Anhand des Planes und der Aufzeichnungen bei der Erdüberprüfung läßt sich leicht zusammenstellen, was man braucht. Bei den Steinen kann es allerdings noch zu Veränderungen kommen, wenn Sie sich vor Ort große Brocken auswählen. Vielleicht entscheiden Sie sich zum Beispiel für einen auffälligen Felsen anstatt vieler kleiner Steine.
In die Liste gehört ferner, wieviel Kies man braucht, ob eine Dränage, organische Bodenverbesserungsmittel und ähnliches nötig sind. Daneben muß geprüft werden, welche Werkzeuge im Haushalt bereits vorhanden sind und welche noch zugekauft werden müssen. Vergessen Sie nicht die Schutzkleidung und Schuhe mit Stahlkappen – für alle, die mitbauen. Die Schutzschuhe sind besonders beim Bau einer Mauer aus großen Steinen und für das Setzen von schweren Felsbrocken zu empfehlen.
Eine zweite Liste gibt Aufschluß über die gewünschten Pflanzen. Anhand des Planes lassen sich leicht alle Gewächse feststellen. Mit diesen Listen kann der Einkauf dann relativ schnell bewältigt werden.

> **Checkliste für die Planung**
>
> Standort:
> Größe (plus Höhe bei einer Trockenmauer):
> Plan zeichnen:
> Erdaufschüttungen oder Einebnungen nötig?
> Dränage nötig?
> Erdreich verbessern?
> Wenn ja, womit?
> Muß eine Erdmischung hergestellt werden?
> Wenn ja, was ist dazu nötig?
> Was braucht man für die Erdmischung?
> Material- und Werkzeugliste:
> Pflanzenliste:

Bau eines Steingartens

Vorarbeiten und was man unbedingt beachten muß

Der Standort ist gefunden, Steine und Felsen liegen bereit – genauso wie das Werkzeug. Alle „Steinbauer" sollten Schutzschuhe mit Stahlkappen und Schutzhandschuhe tragen. Außerdem sind die Pflanzen ausgewählt und vielleicht schon gekauft. Nun gehts an den eigentlichen Bau, bei dem viel Muskelarbeit nötig ist. Einige Helfer erleichtern nicht nur die schwere Arbeit, sondern die Stimmung ist oft besser, die Erfolgserlebnisse kommen schneller. Nehmen Sie sich genügend Zeit für den Bau Ihres Steingartens. Sie sollten auf keinen Fall dann weiterarbeiten, wenn Sie die Kraft verläßt. Da der Steintransport nicht ungefährlich ist, muß man ausgeruht und gestärkt bei der Arbeit sein, damit nichts passiert. Meist geschehen die Unfälle dann, wenn man unkonzentriert arbeitet.

Bauanleitung

Im folgenden wird der Bau eines Steingartens Schritt für Schritt beschrieben. Suchen Sie sich die Arbeitsschritte zusammen, die für Ihren individuellen Bau gebraucht werden. Soll die Anlage zum Beispiel auf einem schon bepflanzten Hang gestaltet werden, dann entfällt der erste Schritt, nämlich Rasen abheben.

Rasen abheben: Zuerst muß vorhandener Rasen abgenommen werden. Man sticht ihn am besten in Rechtecken (20 x 20 cm bis 30 x 30 cm) ab. Die Rasensoden können dann zur Ausbesserung an anderen Stellen im Garten verwendet werden. Was nicht benötigt wird, kommt auf den Kompost.

Dränageeinbau und Bodenmodellierung: Eine Dränage muß dann eingebaut werden, wenn der Untergrund undurchlässig ist und relativ schweres Erdreich darüber liegt.

Zuerst hebt man den Oberboden 30 bis 40 cm hoch ab und lagert ihn seitlich. Diese Erde wird später wieder gebraucht. Dann gräbt man weitere 20 bis 30 cm tief auf und baut eine 20 bis 30 cm hohe Dränageschicht aus Kies oder Schotter ein. Der weniger gute Füllboden dient zum Abmagern des Substrates oder zur Bodenmodulation. Wenn „künstliche" Hügel oder Hänge beziehungsweise Pfade und Hohlwege geplant sind, ist nun die Bodenmodellierung an der Reihe. Erdreich wird dort angeschüttet, wo Erhebungen gewünscht sind, und da abgehoben, wo zum Beispiel ein Hohlweg entstehen soll. Man muß darauf achten, daß der Boden überall locker und durchlässig ist, denn nichts ist für Steingartenpflanzen ungünstiger als Staunässe.

Bodenvorbereitung: Über die Dränageschicht beziehungsweise die „künstlichen" Hügel und Hänge wird 30 bis 40 cm hoch der beiseitegelegte Oberboden geschüttet und etwas angetreten. Als Zwischenlage dient ein Vlies, das die Dränage funktionsfähig hält. Wenn keine Dränage und Bodenmodellierung nötig ist, gelten trotzdem die folgenden Arbeitsschritte.

Ist der Oberboden zu schwer und zu lehm- beziehungsweise tonhaltig, dann muß er mit Sand gelockert werden. Zu leichtes Erdreich wird mit gut verrottetem Kompost und Garten- beziehungsweise Lehmerde etwas bindiger (siehe dazu auch Seite 34).

Es ist wichtig, daß Sie - egal ob eine Dränage eingebaut wird oder nicht - die obere 30 bis 40 cm hohe Bodenschicht lockern. Das Erdreich kann später gegebenenfalls mit organischem Material angereichert werden. Alles Unkraut muß man sorgfältig entfernen. Seien Sie mit dieser Arbeit penibel, da diese nicht gewünschten Pflanzen später allzuleicht unsere oft schwachwüchsigen Steingartenschönheiten überwuchern.

Steine setzen: Zunächst bringt man die größten Felsen an ihren Standort. Sie werden zum Beispiel mit einer stabilen Steintrage, die man aus kräftigen Holzlatten selbst zusammenzimmern kann, oder besser mit einer Sackkarre auf ausgelegten Brettern bewegt. Weniger große Steine lassen sich auf Brettern zum späteren Standort rollen.

Die Großsteine müssen auf verfestigtem Erdreich liegen, damit sie im Laufe der Zeit nicht zu stark einsinken. Hohlräume zwischen Gestein und Boden werden mit Erde aufgefüllt.

Einige Richtlinien fürs Steinsetzen:
1. Lieber wenige Steine als zu viele einbauen.

Anlage eines Steingartens: Ist ein Rasen vorhanden, wird dieser zunächst abgestochen

Ist der anstehende Untergrund undurchlässig, baut man eine 20 - 30 cm hohe Dränageschicht aus Kies oder Schotter ein.
1. Oberboden 2. Dränage 3. Unterboden

2. Keine bunte Mischung aus runden Findlingen und kantigen Felsen.
3. Die Steine müssen nach Möglichkeit so gelagert werden, wie sie in der Natur vorkommen.
4. Ein Stein mit rötlicher Färbung sollte nicht inmitten grauer liegen.

BAU EINER TROCKENMAUER

Der Oberboden wird ausgebracht, Hügel und Vertiefungen werden modelliert.
1. Oberboden 2. Vlies 3. Dränage
4. Unterboden

Große Steine bringt man mit einer Steintrage an ihren endgültigen Standort

5. Nicht nur einen Stein mit einer bunten Ader einbauen, sondern mehrere, die den farbigen Streifen fortführen (wie in der Natur).
6. Größere Steine nach hinten geneigt ins Erdreich einbauen. Die Vorderseite bleibt frei und zeigt die schönste Seite.

Pflanzvorbereitung: Die durch Schritte und Steine verdichtete Erde muß nun tiefgründig gelockert werden. Falls nötig, harkt man organisches Material oder Dünger unter. Es dürfen nicht zuviele Nährstoffe eingebracht werden, da sich dies auf die Steingartenpflanzen ungünstig auswirkt (siehe dazu Seite 56). Verlangen bestimmte Pflanzen ein spezielles Erdreich, zum Beispiel saures, müssen die dafür vorgesehenen Standorte entsprechend vorbereitet werden. Wenn der vorhandene Boden für eine Bepflanzung völlig ungeeignet ist, dann stellt man eine Erdmischung her (siehe Seite 35) und deckt damit etwa 20–30 cm hoch ab. Doch bedenken Sie, daß hierfür große Erdmengen erforderlich sind.

Unkraut, was noch zum Vorschein kommt, entfernt man. Fugen und Spalten werden mit Sand und Schotter aufgefüllt. Darüber kommt das auf die Pflanzen abgestimmte Erdreich. Die Steine, die schräg nach hinten in den Boden eingesetzt wurden, bettet man in Erde ein, wenn das noch nicht geschehen ist.

Bepflanzung

Als erstes werden die größten Gewächse gepflanzt. Laubgehölze kommen an die für sie vorgesehenen Plätze, die Koniferen ebenfalls. Danach werden die Stauden und später die Sommerblumen gesetzt. Frühjahrsblühende Zwiebel- und Knollengewächse kommen meist im Herbst in die Erde. Achten Sie auch während der Pflanzung auf die Standortansprüche. Ein Steinkraut wird sich im Schatten eines Japanahorns kaum wohlfühlen. Ein Farn gehört in den Halbschatten.
Werden die Gewächse im Topf gekauft, muß man verfilzte Ballen vorsichtig lockern, bevor man sie setzt. Alle Pflanzen werden gut angegossen. Auch in den nächsten Wochen ist eine ausreichende Wasserversorgung das A und O eines erfolgreichen Anwachsens. Gewässert wird nach Bedarf morgens und/oder abends, niemals aber in der prallen Mittagssonne.

Wenn die Pflanzen am Fensterbrett oder im Gewächshaus selbst angezogen wurden, dann müssen die Gewächse vor der Pflanzung an die Außenbedingungen gewöhnt werden. Am besten stellt man sie an einem trüben Tag ohne Abdeckung nach draußen – natürlich nicht gerade an eine windige Stelle. Nach wenigen Tagen haben sich die Gewächse dann meist schon an die stärkere Sonnenstrahlung im Freiland gewöhnt.

Bau einer Trockenmauer

Fundament und erste Steinlage

Für eine Trockenmauer, die nicht höher als 100 cm werden soll, benötigt man ein labiles Fundament von 40 bis 50 cm Tiefe. Bei höheren Mauern muß man ein frostfreies (in der Regel über 80 cm tiefes) Betonfundament bauen. Mauern unter 40 cm Höhe brauchen gar kein Fundament.

Für den Bau eines labilen Fundaments hebt man einen 50–60 cm tiefen Graben aus und füllt ihn 40–50 cm hoch mit Schotter (Mineralbeton) von 0/32 bis 0/55 Körnung an. Als Untergrund muß gewachsener Boden vorhanden sein. Ist das nicht der Fall, muß er vor dem Fundamentbau mit einem Vibrationsstampfer verdichtet werden.

PLANUNG UND BAU VON STEINGÄRTEN UND TROCKENMAUERN

Trockenmauer: Bis zu einer Höhe von 100 cm braucht man ein labiles Fundament (40–50 cm tief). Binder sorgen für eine ausreichende Stabilität der Mauer. Die Dränage (Hinterfütterung) aus Kies kann bis zum Mauerfuß oder bis zum Fuße des Fundaments reichen. Bei sehr schwerem Boden sollte zusätzlich ein Dränagerohr am unteren Ende der Hinterfütterung eingebaut werden. 1. Anstehendes Erdreich 2. Abgemagerte Gartenerde 3. Binder 4. Vlies 5. Dränageschicht mit 6. Dränagerohr (zwei Möglichkeiten) 7. Labiles Schotterfundament

Bau einer Trockenmauer: Zunächst wird der Graben für das Fundament ausgehoben

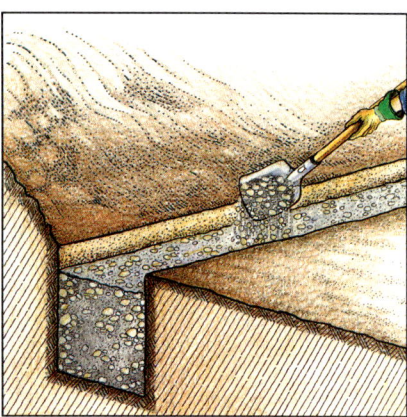

Den Graben füllt man mit Schotter von 0/32 bis 0/55 Körnung. Danach wird verdichtet

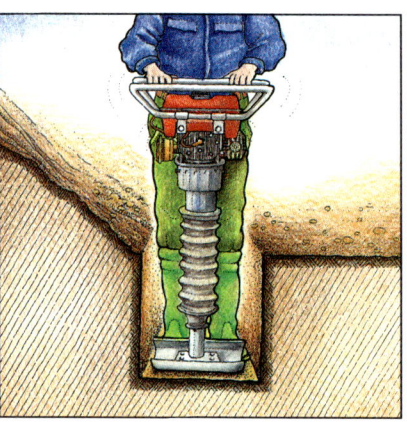

Der Untergrund wird mit einem Vibrationsstampfer verdichtet

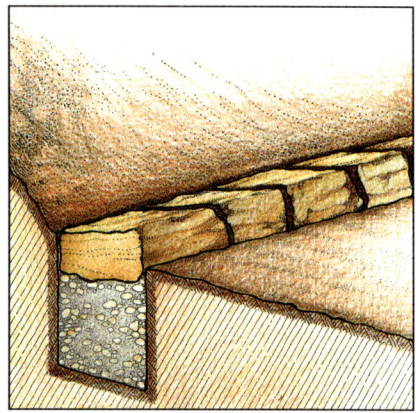

Für die erste Steinreihe nimmt man die größten Steine. Sie werden 5–10 cm tief, mit leichter Neigung nach hinten, in die Erde gelegt

Direkt auf das Fundament legt man die erste Steinreihe. Sie sollte 5–10 cm tief in die Erde reichen und etwas über die Bodenoberfläche herausragen. Für die unterste Lage wählt man sehr große und schwere Steine, damit die Stabilität gewährleistet ist. Als Faustregel gilt: Die Mauerstärke am Mauerfuß beträgt etwa ein Drittel der Mauerhöhe, mindestens aber 30 cm.

Aufschichtung

Man unterscheidet zwischen regelmäßigem und unregelmäßigem Schichtmauerwerk. Letzteres wird auch Wechselmauerwerk genannt. Trockenmauern können natürlich genauso aus großen Steinbrocken gebaut werden. Dann setzt man allerdings nur wenige Schichten übereinander. Der rustikale Charakter einer Mauer aus grob gebrochenen Steinen fügt sich jedoch nicht in jeden Garten ein.

Für diese Mauer läßt sich ein regelmäßiges oder unregelmäßiges Schichtmauerwerk nicht verwirklichen. Die Regeln für einen stabilen Mauerbau muß man dennoch beachten.

REGELMÄSSIGES SCHICHTMAUERWERK

Bei dieser Art der Aufschichtung sind die Steine einer Lage immer gleich hoch. Folgende Grundregeln müssen unbedingt beachtet werden, wenn die Stabilität der Mauer gewährleistet sein soll:

1. Die Fugen zwischen den einzelnen Lagen (Lagerfugen) liegen immer waagerecht.

2. Die Überbindung (= Überlappung) der einzelnen Steine aufeinanderlie-

BAU EINER TROCKENMAUER

Das regelmäßige Schichtmauerwerk erkennt man an den gleichhohen Schichtlagen

Kreuzfugen dürfen beim Bau der Mauer nicht entstehen

Unregelmäßiges Schichtmauerwerk
1. Wechsler 2. Lagerfuge 3. Stoßfuge

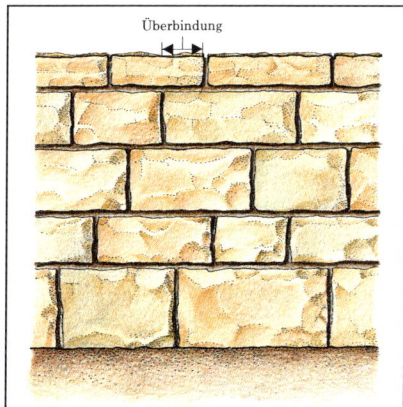

Die Überbindung aufeinanderliegender Steine beträgt mindestens ein Drittel der Steinlänge

Stehende Steine nie, quadratische nur ausnahmsweise verwenden

Lagerfugen im unregelmäßigen Schichtmauerwerk dürfen höchstens 2 m lang sein

gender Schichten muß mindestens ein Drittel betragen.
3. Es dürfen beim Bauen keine Kreuzfugen entstehen.
4. Stehende Steine sollten nie, quadratische höchstens ausnahmsweise eingebaut werden.

WECHSELMAUERWERK (UNREGELMÄSSIGES SCHICHTMAUERWERK)

Hier werden im Abstand von höchstens 2 m Länge sogenannte Wechsler eingebaut. Das sind Steine, an denen die Schichthöhe wechselt. Folgende Grundregeln muß man beim Bau berücksichtigen:
1. Die Regeln 1.–4. vom Schichtmauerwerk sind zu beachten.
2. Die längste Lagerfuge sollte höchstens 2 m betragen.
3. In der obersten (letzten) Schicht müssen alle Steine gleich hoch sein.

Die Steine der letzten Lage müssen gleich hoch sein

PLANUNG UND BAU VON STEINGÄRTEN UND TROCKENMAUERN

SCHRÄGE DER MAUER

Die Schräge oder Dosierung der Trockenmauer, wie die Fachleute dazu sagen, muß etwa 15 % (auch etwas mehr) betragen. Das heißt, auf 1 m Höhe „fällt" das Mauerwerk um 15 cm nach hinten gegen den Hang oder bei einem Wall beziehungsweise bei freistehenden Mauern gegen die andere Wall- beziehungsweise Mauerseite. Dieses Gefälle wird durch einen schrägen Einbau der Steine erreicht.

EINBINDTIEFE UND BINDER

Eine ausreichende Einbindtiefe bestimmter Steine, der sogenannten Binder, ist für eine gute Stabilität äußerst wichtig. Die Binder sind länger als die übrigen Mauersteine. Sie durchbinden die gesamte Mauerstärke, reichen in das dahinterliegende Erdreich und geben der Mauer dadurch Halt. Als Faustregel gilt, daß etwa ein Viertel aller Steine Binder sein sollten.

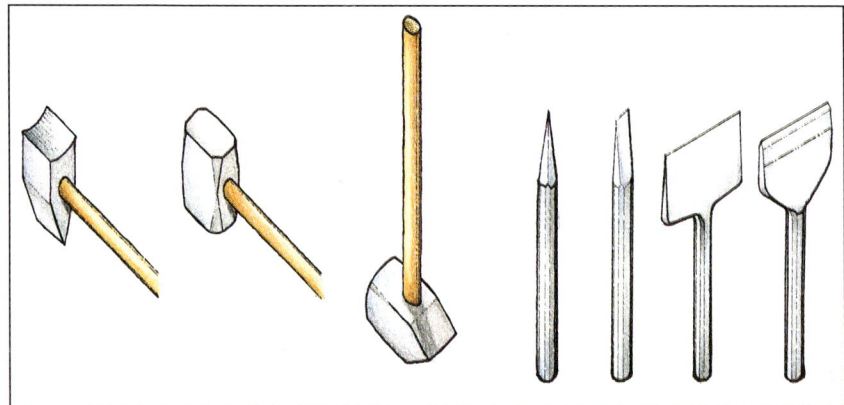

Werkzeuge für die Steinbearbeitung (von links nach rechts): Bossierhammer, Fäustel, Vorschlaghammer, Spitzmeißel, Flachmeißel, Scharriereisen, Preller

Es ist wichtig, daß Steine zur Verfügung stehen, die genügend tief sind. Mauersteine mit gesägten oder zurecht gehauenen Fugen bekommt man oft nicht in entsprechender Tiefe. Bei zu geringer Einbindtiefe hilft nur eine Hinterbetonierung.

FUGEN UND BEPFLANZUNG

Stoß- und Lagerfugen werden mit einem durch Schotter abgemagerten Erdgemisch (siehe Seite 35) direkt während des Baues ausgefüllt beziehungsweise bedeckt. Wenn die Steine sehr eng aneinanderstoßen, sollte unter Umständen während des Baus bepflanzt werden. In große Spalten und Fugen kann man die Gewächse auch noch nach der Fertigstellung einsetzen.

Hinterfütterung

Eine Trockenmauer, die einen Hang oder ein Beet begrenzt, braucht eine Dränage zum dahinterliegenden Erdreich, damit keine Verspülungen vorkommen. Dazu baut man Kies oder kleine Steinreste zwischen Mauer und Boden. Manchmal wird zusätzlich ein Vlies empfohlen, welches man vor dem Kies verlegt. Einige Gärtner bauen ein Dränagerohr hinter den Mauerfuß ein, der das überschüssige Wasser in andere Gartenteile ableitet. Dies ist nur dann nötig, wenn man in einem ausgesprochen niederschlags- und wasserreichen Gebiet lebt.

Werkzeuge für die Steinbearbeitung

Für den Bau einer Trockenmauer benötigt man verschiedene Werkzeuge. Sie sind nachfolgend aufgelistet und mit Anmerkungen versehen.

<u>Fäustel:</u> Ein Fäustel ist ein Hammer mit abgerundeten Kanten. Man kann ihn in verschiedenen Größen und Gewichten kaufen.

<u>Bossierhammer:</u> Dieses Werkzeug besitzt eine scharfe senkrechte Schneidefläche und eine hohl geschmiedete Bahn. Es ist für schwerere Arbeiten geeignet. Mit der Schneide arbeitet man Lager nach.

<u>Vorschlaghammer:</u> Diesen schweren Hammer benötigt man zum Spalten großer Brocken, die zu einer Trockenmauer aufgeschichtet werden sollen.

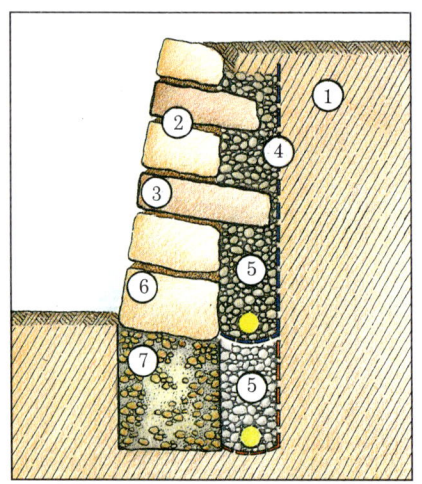

Bei einer Trockenmauer sollten ein Viertel der Steine Binder sein, die der Mauer Stabilität verleihen. Eine Dränage ist bei einer Mauer am Hang notwendig. 1. Anstehendes Erdreich 2. Abgemagerte Gartenerde 3. Binder 4. Vlies 5. Dränageschicht mit -rohr (gelb) (zwei Möglichkeiten) 6. Lage aus schweren Steinen 7. Fundament

BAU EINER TROCKENMAUER

Spitzmeißel: Dieser Meißel dient zur Bearbeitung der Lager. Man setzt ihn im spitzen Winkel an und schlägt gleichmäßig.

Flachmeißel: Dieser Meißel ist auch unter den Bezeichnungen Schlagmeißel oder Schlageisen bekannt. Er besitzt eine flache Kante. Man bearbeitet damit Kanten und auch Lager.

Scharriereisen: Dieses Werkzeug kann man als Meißel mit einer breiten, kantig abgeschrägten Bahn bezeichnen. Bei der Steinbearbeitung setzt man das Scharriereisen gleichmäßig auf der gesamten abgeschrägten Bahn auf und schlägt senkrecht von oben. Ecken und Kanten dürfen mit diesem Werkzeug nicht abgeschlagen werden, da so die „Schneide" ruiniert wird. Dafür benutzt man den Flachmeißel. Beim Scharriereisen dehnt sich der Schlagdruck im Gegensatz zum Preller nach allen Seiten gleichmäßig aus.

Mit diesem Werkzeug lassen sich Steine spalten, die für die Mauer zu hoch sind. Dazu schlägt man mit kurzen, festen Schlägen eine Linie an der vorgesehenen Spaltstelle ein. Dann wird diese Trennlinie solange mit gleichmäßigen Schlägen bearbeitet, bis sich die Teile trennen. Achtung: Steine, die eine natürliche Schichtung besitzen (zum Beispiel Sandsteine), lassen sich sehr einfach entlang dieser Schichtung teilen.

Preller: Der Preller wird auch Setzer oder Stemmer genannt. Man kann ihn als Scharriereisen mit verschieden stark abgekanteten Seiten bezeichnen. Dadurch kommt es zu einer anderen Kraftübertragung. Die breitere Seite stemmt stärker gegen das Gestein als die flachere. Dementsprechend wird das Werkzeug eingesetzt. Der Preller bewährt sich auch bei härterem Gestein.

Es ist ganz wichtig, daß man bei der Arbeit gleichmäßig senkrecht von oben auf das Werkzeug schlägt und die gesamte Kante auf den Stein aufsetzt.

Anderes Werkzeug: Neben diesen speziellen Werkzeugen wird eine Schubkarre, eine kleine Schaufel zum Aufbringen der Erdmischung und eine große zum Anrichten der Erde benötigt. Fürs Angießen braucht man einen Schlauch oder eine Gießkanne.

Noch ein Tip zur Bearbeitung: Wenn man auf einen möglichst engen Mauerverband Wert legt, dann sollten die Steine nach hinten konisch zulaufen. Dadurch lassen sich die Mauersteine eng aneinander legen.

Für die Anlage eines Steingartens sind folgende Werkzeuge nötig (von links nach rechts): Schlauchwagen und Schlauch, Schubkarre, Gießkanne, Spaten, Schaufel, Handschaufel

Bau eines Trockenmauerwalls

Einen Trockenmauerwall (auch freistehende Trockenmauer genannt) baut man im Prinzip wie eine Trockenmauer – nur werden hierbei sozusagen zwei Mauern gegeneinander gelehnt. Der Wall ist am Fuß bis zu 2 m breit, an der Krone bis zu 1 m. Auch hier muß wieder eine Mauerschräge von 15 % (auch etwas mehr) eingehalten werden, damit die Stabilität ausreicht. Den Wallkern füllt man mit Schotter und Steinresten auf. Das sorgt für die nötige Dränage. Zuletzt schüttet man abgemagerte Gartenerde auf.

Ein Trockenmauerwall läßt sich gerade wie ein Festungswall gestalten. Eleganter und reizvoller wirkt allerdings eine leicht geschwungene Form.

Ein Trockenmauerwall kann am Fuß bis zu 2 m breit sein, die Krone bis zu 1 m. Die Neigung muß mindestens 15 % betragen. 1. Schotter 2. Fundament (40 – 50 cm tief)

DIE PFLANZENWELT

DIE PFLANZENWELT

Planung und Auswahl der Pflanzen

Exakte Planung und durchdachte Auswahl der Pflanzen ist eines der Geheimnisse eines schönen Steingartens. Nehmen Sie sich also Zeit dafür.

Es ist ratsam, eine Skizze des Steingartens oder seiner Trockenmauer anzufertigen und dort die gewünschte Bepflanzung einzutragen. Auf diesem Plan kann man leicht korrigieren, wenn man zum Beispiel merkt, daß nebeneinanderstehende Gewächse zu unterschiedliche Ansprüche besitzen.

Auf der Skizze werden auch die Himmelsrichtungen vermerkt. Man prüft vor dem Pflanzenkauf, ob für die gewählten Gewächse auch der artgerechte Standort vorgesehen wurde. Ein Sonnenanbeter, wie zum Beispiel das Hungerblümchen, wird im Schatten eines Strauches auf keinen Fall prächtig blühen und gedeihen. In diesem Zusammenhang sind auch Überlegungen notwendig, wie der Steingarten in einigen Jahren aussehen wird. Sonnenliebende Pflanzen dürfen nicht so nah an Gehölze gepflanzt werden, daß sie in ein paar Jahren im Schatten eines groß gewachsenen Strauches oder Baumes stehen. Auch müssen Sie beachten, wieviel Platz Sie zur Verfügung haben. Die im Kapitel „Das Pflanzenbrevier" beschriebenen Pflanzen müssen entsprechend der Anlagengröße ausgewählt werden. Das heißt, in kleine Steingartenanlagen gehören keine Pflanzen, die viel Platz benötigen. Dasselbe gilt für Mauerkronen, -ritzen und Tröge.

Die Blütezeit der Steingartenpflanzen reicht von März bis September, die Mehrzahl der Gewächse blüht allerdings im Frühjahr. Bei schlechter Planung kann es daher passieren, daß ab Juli ganze Teile des Steingartens (ohne die grazile Blütenpracht) einen wenig schönen Anblick bieten. Die Pflanzen müssen also so geschickt miteinander kombiniert werden, daß im Steingarten – außer im Winter – immer etwas blüht.

Glockenblumen *(Campanula)* und Nelken *(Dianthus)* sorgen dafür, daß der Steingarten auch im August noch Farbe zeigt. Herbstastern beginnen mit der Blüte sogar erst im August. Auch *Astilbe chinensis* var. *pumila,* eine Zwergastilbe für schattige Plätze, und das kleine Mädchenauge, *Coreopsis lanceolata* 'Rotkehlchen', setzen noch im Herbst farbige Akzente. Es gibt noch viele andere Pflanzen, die im Spätsommer und Herbst blühen (siehe Seite 60 ff.). An dieser Stelle sei darauf hingewiesen, daß die in diesem Buch angegebenen Blütezeiten einen „Mittelwert" darstellen. Nicht für alle Klimate gelten diese Termine exakt. In besonders milden Gegenden blühen Pflanzen bekanntlich früher als in kühlen oder in Hochlagen. Es handelt sich um Verschiebungen bis zu einigen Wochen. Man kann sich vor Ort in Gärtnereien darüber erkundigen.

Ein weiterer wichtiger Punkt bei der Auswahl ist, daß die Gewächse, die zusammenstehen, auch ähnliche Bodenansprüche haben sollen. Einige Pflanzen, wie beispielsweise die meisten Mitglieder der Heidekrautgewächse *(Ericaceae)* oder der Herbstenzian *(Gentiana sinoornata)* sind sogenannte Kalkflieher. Sie verlangen eine saure Bodenreaktion, das heißt, einen pH-Wert bis höchstens 5,5. Andere, wie beispielsweise Sorten des Blaukissens *(Aubrieta)* und fast alle Nelkenarten *(Dianthus)*, lieben kalkhaltigen Boden und somit einen höheren pH-Wert.

Reichblühende Nelken wie Dianthus graniticus bilden auch im Spätsommer und Herbst einen zierenden Farbteppich

Alle ausgewählten Gewächse zeichnet man in die Skizze ein. Sie ist später bei der praktischen Pflanzung eine unentbehrliche Hilfe. Die Gewächse stellt man nach Plan an die entsprechenden Plätze und pflanzt sie ein.

Naturschutzbestimmungen

In der Bundesrepublik Deutschland wird die Liste derjenigen Pflanzen, die in ihrem Bestand gefährdet oder stark gefährdet beziehungsweise vom Aussterben bedroht sind, immer länger. Zum Schutz dieser Arten wurden Gesetze erlassen, die die weitere Vernichtung natürlicher Pflanzenvorkommen verhindern sollen. Alle geschützten Arten dürfen dem natürlichen Lebensraum nicht entnommen werden, genausowenig Früchte und Samen oder andere Pflanzenteile. Das ist verboten und wird geahndet. Graben Sie am besten überhaupt keine Pflanzen

ALLES ÜBER DIE RICHTIGE PFLANZUNG

Rhododendron hirsutum, Almenrausch, steht unter Naturschutz

der freien Natur aus, auch dann nicht, wenn das Gewächs nicht geschützt ist und Sie es im eigenen Steingarten weiterpflegen wollen. Kaufen Sie Ihre Pflanzen in den entsprechenden Fachgeschäften. Diese Gewächse sind für unsere Gärten gezüchtet worden und entwickeln sich gut. Pflanzen, die Sie von irgendwoher mitbringen, gehen unter Umständen ein, da sie in der neuen Umgebung nicht die geeigneten Lebensbedingungen vorfinden.

Im übrigen dürfen auch keine geschützten Tiere aus der freien Natur entnommen werden. Das ist zum einen verboten, zum anderen meist völlig sinnlos. Tiere bleiben in der Regel nicht an den Orten, die man ihnen aufzwingt.

Kauf der Gewächse

Man kann auf verschiedenen Wegen an die Pflanzen kommen, die später im Garten wachsen sollen. Es gibt eine ganze Reihe Versandgärtnereien, die teilweise auf Steingartenpflanzen (auch Wasserpflanzen) spezialisiert sind. In ihren Katalogen findet man oft auch seltenere und ausgefallenere Arten und Sorten.

Pflanzen, die mit der Post kommen, müssen sofort ausgepackt und gewässert werden. Falls sie mit zu wenig Erde geliefert wurden, helfen Sie diesem Fehler ab. Gewächse ohne Wurzelballen kommen in der Regel zuerst in einen Eimer mit Wasser und nach wenigen Stunden bis zur endgültigen Pflanzung in ein vorbereitetes Erdbeet. Eine andere Möglichkeit, die gewünschten Gewächse zu erhalten, ist der direkte Kauf bei einer Gärtnerei oder einem Gartencenter. Hier kann man sich vor Ort über das Angebot informieren und zwischen mehreren Exemplaren auswählen.

Vielleicht gibt es in Ihrer Nachbarschaft aber auch einen begeisterten Steingärtner, der von dem, was bei ihm zuviel wächst, etwas abgibt.

Alles über die richtige Pflanzung

Bodenvorbereitung

Die vorbereitete Erdmischung beziehungsweise der vorhandene Gartenboden (siehe Seite 34) wird aufgebracht beziehungsweise verfeinert und fein gerecht beziehungsweise geglättet. Achten Sie darauf, daß sowohl der Unterboden wie die Pflanzerde frei von Unkraut sind. Das erspart Ihnen später viel Arbeit. Für Gewächse mit speziellen Bodenansprüchen wird der Standort den Wünschen entsprechend vorbereitet.

Pflanzzeit

GEHÖLZE

Gehölze haben zwei Hauptpflanzzeiten: den Herbst etwa ab dem Laubfall und das Frühjahr vom Auftauen des Bodens bis zum Austrieb des Laubes. Der Herbsttermin bietet den Vorteil, daß das Sortiment in den Baumschulen oft noch größer ist. Außerdem sind die Pflanzen im folgenden Frühjahr schon etwas eingewurzelt und zeigen deshalb eine bessere Anfangsentwicklung mit stärkerem Wachstum. Es ist wenig ratsam, im Sommer Gehölze zu pflanzen. Die reduzierten Wurzeln können die Wasserversorgung des vollentwickelnden Laubkleides nicht immer gewährleisten. Einige Gehölze gibt es auch im Topf. Für sie gilt natürlich die Fast-Ganzjahrespflanzung – wie bei den Stauden.

STAUDEN, GRÄSER UND FARNE

Die Pflanzen kauft man meist im Gefäß. Sie können fast das ganze Jahr über gesetzt werden, ausgenommen natürlich die Monate, in denen der Boden gefroren ist. Die in Töpfen gezogenen Pflanzen haben den Vorteil, daß der Pflanzschock gering ist – eben aufgrund der Tatsache, daß kaum Wurzeln beschädigt werden. Daher wachsen sie auch gut an.

ZWIEBEL- UND KNOLLENGEWÄCHSE

Die winterharten, im Frühjahr blühenden Zwiebel- und Knollenpflanzen werden in der Regel im September/Oktober gepflanzt – je früher, desto besser. Nicht winterharte, wie zum Beispiel Dahlien, Begonien und Gladiolen, überwintert man an einem frostfreien Ort. Die richtige Pflanzzeit für sie ist in der Regel etwa Mitte Mai (klimaabhängig), wenn keine Fröste mehr zu erwarten sind.

DIE PFLANZENWELT

Pflanzung

GEHÖLZE

Gehölze werden entweder mit „nackter" Wurzel oder mit Wurzelballen verkauft. Bei ersteren kürzt man die Wurzeln direkt vor der Pflanzung um ein Viertel bis ein Drittel ein, schont jedoch die Faserwurzeln. Ist das Wurzelwerk sehr trocken, stellt man es zuvor etwa eine Stunde in einen Eimer mit Wasser. Das Pflanzloch sollte gut doppelt so groß sein wie der Wurzelumfang. Man stellt das Gehölz hinein und füllt dann mit der vorbereiteten Erdmischung auf. Dabei schüttelt man die Pflanze hin und her, damit die Erde auch in die Hohlräume zwischen den Wurzeln gelangt. Am besten wird zu zweit gepflanzt. Ein Stützpfahl darf bei höher wachsenden Gehölzen nicht vergessen werden. Nach dem Pflanzen muß man kräftig angießen.

Bei Gehölzen mit Erdballen wird das Pflanzloch ebenfalls doppelt so breit, allerdings anderthalbmal so tief ausgehoben. In die Pflanzgrube kommt zuerst soviel von der Erdmischung, daß die Oberfläche des Erdballens beim Einstellen direkt mit der des Bodens abschließt. Steht das Gehölz im Loch, füllt man die Pflanzgrube bis zur Hälfte auf, tritt fest und richtet die Pflanze aus. Nun muß das Ballentuch zerschnitten werden (gleiches gilt für Draht). Die Tuchenden breitet man dann nach den Seiten aus. Nun wird die Pflanzgrube vollends aufgefüllt. Um das Pflanzloch herum kann ein Gießrand stehen bleiben (ein um zirka 5 cm erhöhter Erdring am Rand der Grube). In diesen Gießrand hinein wird nun gewässert. Falls ein Stützstab erforderlich ist, muß dieser schräg eingeschlagen werden, damit er den Wurzelballen nicht durchstößt oder verletzt. Beim Anbinden ist darauf zu achten, daß der Stamm nicht am Pfahl reibt.

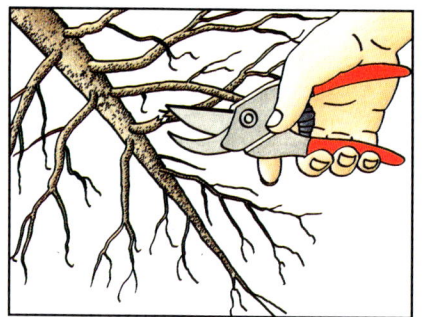

Pflanzung von Gehölzen ohne Wurzelballen: Vor dem Pflanzen schneidet man alle beschädigten und abgestorbenen Wurzeln weg

Nachdem die Grube ausgehoben ist, stellt eine Person den Baum ein, die zweite füllt mit Erde auf. Wenn nötig, wird auch ein Stützpfahl gesetzt

Wenn die Grube ganz geschlossen ist, tritt man leicht an und wässert reichlich

STAUDEN, GRÄSER UND FARNE

Stauden, Gräser oder Farne, die man im Topf gekauft hat, lassen sich unproblematisch setzen. Es bedarf keiner großen Vorarbeit, höchstens müssen abgestorbene Pflanzenteile abgeschnitten werden. Den Plastik- oder Tontopf entfernt man vor der Pflanzung. Mit einem leichten Schlag auf eine Kante lösen sich auch festsitzende Topfballen.

In den Boden gräbt man ein etwas umfangreicheres Loch als der Ballen groß ist; es kann auch doppelt so groß sein. Dann schüttet man soviel Erde in das Pflanzloch, daß das Gewächs genauso hoch sitzt, wie es im Container gepflanzt war. Jetzt wird die Pflanze eingestellt, und die Hohlräume werden mit der vorbereiteten Erdmischung aufgefüllt. Zum Schluß drückt man gut fest und gießt kräftig an.

Ist ein Gewächs für eine Steinspalte vorgesehen (auch zwischen den einzelnen Lagen einer Trockenmauer), dann hat man sich zuerst zu vergewissern, daß der Ballen auch in die Ritze paßt. Falls das nicht der Fall ist, muß man den Wurzelballen durch Zurechtdrücken und eventuelles Entfernen von Erde in die richtige Form bringen. Dann stopft man die Pflanze in die Steinspalte, füllt Hohlräume mit der vorbereiteten Erdmischung und Splitt auf und drückt gut an. Zum Schluß darf das Wässern nicht vergessen werden.

ZWIEBEL- UND KNOLLENGEWÄCHSE

Als Faustregel für die Pflanztiefe dieser Gewächse gilt: zwei- bis dreimal so tief setzen wie die Zwiebel beziehungsweise die Knolle dick ist. Bei leichten Böden pflanzt man etwas tiefer, bei schweren weniger tief. Mit dem Blumenzwiebelpflanzer lassen sich mühelos Löcher bis zu 20 cm Tiefe ausheben. Steht ein solches Gerät nicht zur Ver-

ALLES ÜBER DIE RICHTIGE PFLANZUNG

Staudenpflanzung: Mit einem leichten Schlag auf eine Kante lösen sich selbst festsitzende Ballen

Pflanzen für eine Mauerritze können durch Zerkleinern des Wurzelballens in die richtige Form gebracht werden

Mit einem Blumenzwiebelpflanzer lassen sich mühelos Löcher für Zwiebeln ausstechen

Nach dem Einsetzen der Pflanze werden die Hohlräume mit Erde aufgefüllt

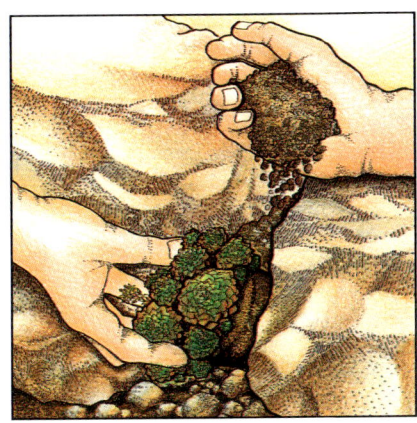

Anschließend drückt man die Pflanze in die Spalte hinein. Mit kleinen Steinen oder Splittern wird die Pflanze verkeilt, um das Ausschwemmen der Erde zu mindern

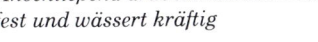

Anschließend drückt man den Boden gut fest und wässert kräftig

Vorsichtiges Angießen darf nicht vergessen werden

fügung, dann tut es auch eine normale Pflanzkelle.

Die neugepflanzten Blumenzwiebeln müssen im ersten Winter einen Schutz, zum Beispiel eine Abdeckung aus Fichtenreisig, erhalten. Später ist das dann nicht mehr nötig.

Umpflanzen

Es ist grundsätzlich möglich, Pflanzen im Steingarten umzupflanzen. Teilweise wird das sogar empfohlen, wie zum Beispiel bei *Chrysanthemum weyrichii*, der Japanischen Wucherblume, um Blütenreichtum und ein gutes Wachstum zu erhalten. Allerdings tut es auch ein Erdaustausch am alten Standort.

Ein Umsetzen birgt immer die Gefahr, daß die Gewächse leiden. Besonders Gehölze, aber auch krautige Pflanzen kommen leicht zu Schaden. Daher sollte man bei lang eingewachsenen Exemplaren und bei Gehölzen generell – wenn irgendwie möglich – auf ein Umpflanzen verzichten.

Für die meisten Steingartengewächse ist der Beginn der Wachstumsperiode im Frühjahr die beste Zeit für diese Arbeit. Gewächse, die sehr früh im Jahr

DIE PFLANZENWELT

blühen, verpflanzt man in der Regel erst nach der Blüte. Die Pflanzen werden großzügig ausgegraben. Man muß versuchen, so viele Wurzeln wie möglich zu erhalten. Am neuen Standort gräbt man die Pflanzen, wie bereits beschrieben, ein und gießt gut an. Sind viele Wurzeln verlorengegangen, ist es ratsam, den oberirdischen Teil der Pflanze der reduzierten Wurzelmasse anzupassen. Im Verhältnis zum Wurzelverlust werden die Zweige und Triebe zurückgeschnitten.

Vermehrung

Wissenswertes

Wir unterscheiden grundsätzlich zwischen generativer und vegetativer Vermehrung. Bei der generativen oder sexuellen Fortpflanzung verschmelzen eine Samenzelle (Pollen) mit einer Eizelle. Es findet eine Neukombination der Erbanlagen (Gene) der Eltern statt, und ein neues Individuum entsteht. Daher sehen die Nachkommen anders aus als die Eltern und besitzen auch andere Eigenschaften.

Über die vegetative oder asexuelle Vermehrung erhält man mit der Mutterpflanze identische Tochtergewächse. Dies kann durch Stecklingsvermehrung, Teilung, Absenker, Ableger oder Veredelung geschehen.

Generative Vermehrung

Es ist ganz einfach, bestimmte Pflanzen durch Aussaat selbst heranzuziehen. Ausgesät wird in spezielle Gefäße – bei vielen Steingartengewächsen direkt nach der Samenreife beziehungsweise im Dezember und Januar. Bei Pflanzen, die keine Frostkeimer sind, die also keine Frosteinwirkung brauchen, um keimen zu können, kann auch im Februar und März und sogar bis in den Mai ausgesät werden. Angaben dazu finden Sie im Porträtteil ab Seite 60. Auch die Samenhersteller geben auf den Saatguttütchen die Aussaatzeit an.

Ausgesät wird in dafür geeignete Gefäße. Möglich sind zum Beispiel spezielle, im Handel erhältliche Anzuchtkästen – eine Holzkiste tut es aber auch. Die Erdmischung sollte locker, der Nährstoffgehalt möglichst niedrig sein, da junge Pflanzen empfindlich auf hohe Düngergaben reagieren, und die Erde muß eine gute Luftführung besitzen. Im Fachhandel gibt es spezielle Anzuchterde, zum Beispiel Einheitserde oder TKS. Dieses Torfkultursubstrat kann man mit verschieden hohem Nährstoffgehalt kaufen – für die Aussaat, fürs Pikieren (Vereinzeln) und fürs Topfen. Letztes bedeutet Topferde für ältere Gewächse.

Man kann sich die Erde aber auch selbst mischen. Hier sind Gartenerde, gesiebter Kompost, ungedüngter Torf und Sand im Verhältnis 3:3:2:1 zu empfehlen. Die Samen streut man in die mit feuchter Erde gefüllte Anzuchtschale, wobei gilt: Das Saatgut wird dreimal so hoch mit Erde übersiebt, wie es selbst dick ist. Es gibt allerdings auch sogenannte Lichtkeimer. Das sind Pflanzen, deren Samen nur bei Lichteinfluß zum Keimen kommen. Sie dürfen allenfalls nur hauchdünn mit Erde abgedeckt werden.

Man darf nicht zu dicht aussäen. Bei sehr feinem Saatgut ist das schwierig. Man mischt dann die Samen mit Sand und erreicht so eine gleichmäßige, dünnere Aussaatdichte. Manchmal gibt es pilliertes Saatgut zu kaufen. Hier hat der Hersteller dem sehr dünnen Samen bereits eine Ummantelung ver-

Aussaat der Frostkeimer: 1. Der Samen wird gleichmäßig in die mit feuchter Erde gefüllte Anzuchtschale gestreut

2. Das Saatgut übersiebt man mit Erde

VERMEHRUNG

3. Samen und Erde werden angedrückt. Das Andrückbrettchen wird nach jeder Pflanzenart gesäubert, damit keine Samenkörner in die folgende Saatschale übertragen werden

5. Wenn die Jungpflanzen zwei bis vier Blätter entwickelt haben, werden sie pikiert (vereinzelt)

4. Die Saatkisten kommen mäusesicher in einen kalten Frühbeetkasten oder an eine andere Stelle im Garten. Dort müssen sie richtig durchfrieren. Zur Keimung stellt man die Gefäße etwa Mitte Februar ins Gewächshaus, warme Frühbeet oder ans Fenster

paßt, die vor Pilzinfektionen schützt und gleichzeitig Nährstoffe enthält. Pilliertes Saatgut ist meist teurer als nicht pilliertes.

Folgende Angaben gelten für Frostkeimer. Nachdem Samen und Erde mit der Hand oder einem kleinen Brett festgedrückt wurden, stellt man die Kästen mäusesicher, zum Beispiel mit einer Glasscheibe abgedeckt, in den kalten Frühbeetkasten, an eine andere Stelle im Garten oder auf dem Balkon, so daß sie richtig durchfrieren. Dort bleiben sie bis ungefähr Februar. Etwa Mitte des Monats stellt man die Gefäße ins Gewächshaus, ins warme Frühbeet oder ans Fenster – sie beginnen dann bald zu keimen.

Nachdem sich zwei bis vier Blätter gebildet haben, muß pikiert werden. Pikieren heißt Vereinzeln, jede Pflanze bekommt einen größeren Standraum. Dazu nimmt man mit einem Pikierstab oder einem Holzstäbchen die Jungpflanzen vorsichtig aus der Erde und setzt sie in eine vorbereitete Schale, die mit einem nährstoffarmen Substrat gefüllt ist (Einheitserde P oder TKS fürs Pikieren). Unter Glasschutz im kalten Frühbeetkasten entwickeln sich die Pflänzchen gut weiter. Bei großer Sonneneinstrahlung muß schattiert werden.

Wenn die Pflanzen groß genug sind, bringt man sie an ihren endgültigen Standort. Wichtig dabei ist, daß sie vorher abgehärtet werden. Wenn die Gewächse bisher noch nicht direkt dem Sonnenlicht ausgesetzt waren – zum Beispiel immer unter einem schützenden Glas standen –, dann muß man sie langsam an die Außenbedingungen gewöhnen. Das intensive Sonnenlicht würde sie verbrennen, ähnlich wie es die ungeschützte Haut des Menschen beim ersten Sonnenbad schädigt. Am besten werden die Pflänzchen an einem trüben Tag nach draußen gestellt – natürlich nicht gerade an eine sehr windige Stelle. Schon am zweiten oder dritten Tag haben sich die Junggewächse an das Außenklima gewöhnt. Besser ist es, die Pflanzen noch einige Wochen im Topf zu pflegen, bevor sie an ihren endgültigen Platz im Garten kommen. Sie wachsen sicherer an und wirken im nächsten Jahr prächtiger und üppiger. Bei vielen alpinen Pflanzen ist eine einjährige Vorkultur nötig. Kränkliche und schwache Gewächse werden über Winter weiterhin im Topf kultiviert und erst im folgenden Jahr ausgepflanzt.

Vegetative Vermehrung

Steckling ist die Bezeichnung für abgeschnittene Sproß-, Stengel- und Wurzelstücke sowie Blätter, die, in Erde gesteckt, neue Knospen und Wurzeln bilden und zu einer selbständigen Pflanze regenerieren.

DIE PFLANZENWELT

Kopfstecklinge von Laubgehölzen: Der abgeschnittene Steckling sollte drei bis fünf Blattpaare aufweisen

Bei Stecklingen mit großen Blättern werden diese eingekürzt, um die Verdunstung zu verringern

Die Schnittstelle des Stengels kann in Bewurzelungspuder getaucht werden

Anschließend setzt man die Stecklinge in ein Torf-Sand-Gemisch. Eine Abdeckung der Schale mit einer Folie oder Haube schränkt die Verdunstung ein

Für Kopfstecklinge von Laubgehölzen schneidet man vom Spätfrühjahr bis zum Sommer die oberste Spitze eines noch nicht verholzten Triebes ab. Die Stecklingslänge sollte 5–10 cm betragen, oder der Steckling sollte drei bis fünf Blätter beziehungsweise Blattpaare aufweisen. Es wird etwas unterhalb einer Knospe geschnitten. Für eine bessere Wurzelbildung ist manchmal ein schräger Schnitt besser, hier muß man selbst experimentieren. Bei einigen Nadelgehölzen, zum Beispiel dem Wacholder, hat es sich bewährt, die Stecklinge nicht zu schneiden, sondern zu reißen. Die entstehende Rindenzunge wird mit einem Messer etwas eingekürzt. Mit einem kurzen Ruck entfernt man Seitentriebe von der Mutterpflanze. Der Bewurzelungserfolg ist dann besser.

Große Blätter werden etwas eingekürzt, um die Verdunstung herabzusetzen – die Gefahr des Vertrocknens ist bei Stecklingen am größten. Dann setzt man die Triebspitzen mit einem Pikierstab in feuchtes Substrat (Torf-Sand-Gemisch). Man kann die Schnittstelle des Stengels vorher in ein Bewurzelungsmittel tauchen – der Bewurzelungserfolg ist so größer.

Am besten wird die Stecklingsschale dann mit einer Folie abgedeckt, um die Verdunstung einzuschränken. Nach ein paar Wochen – abhängig von der Pflanzenart – haben sich Wurzeln gebildet, und die Gewächse können in einzelnen Töpfen großgezogen werden. Ein Folienschutz ist dann nicht mehr nötig. Schwachwüchsige und wenig bewurzelte Stecklinge läßt man besser im Anzuchtgefäß und topft sie erst im kommenden Frühjahr ein.

Da die Ausfallquote relativ hoch ist, sollten mehr Stecklinge geschnitten werden als benötigt werden.

Für die Stecklingsvermehrung von Stauden gilt im Prinzip dasselbe wie für die Laubgehölze. Der Zeitpunkt und die Stecklingslänge variiert allerdings. Im Pflanzenporträtteil ab Seite 60 finden Sie genaue Angaben dazu.

Nur wenige Pflanzen können durch Blattstecklinge vermehrt werden. Meist handelt es sich um Zimmerpflanzen wie Bogenhanf, Usambaraveilchen und Zimmerwein, außerdem Begonien. Von unseren Steingartenpflanzen kommen nur *Sedum*-Arten, *Haberlea* und *Ramonda* für diese Vermehrungsart in Frage. Im Sommer trennt man einzelne Blätter ab und steckt sie flach in ein durchlässiges, feuchtes, nährstoffarmes Substrat (Torf-Sand-Gemisch). Die Anzuchtschalen bekommen einen Folien- oder Glasschutz. Die Blattstecklinge bewurzeln sich schnell und bilden bald selbständige Pflanzen.

Die Teilung ist auch eine für den Anfänger geeignete, einfache und erfolgversprechende Vermehrungsmethode. Die meisten Pflanzen, die Polster und Rasen bilden beziehungsweise in Büscheln oder in Nestern wachsen, können auf diese Weise vermehrt werden. Oft reicht es, wenn man die Gewächse einfach auseinanderreißt beziehungsweise nur einen Teil ab-

VERMEHRUNG

Vermehrung durch Teilung: Mit einem gezielten Spatenstich trennt man einen Teil der Pflanze mit Wurzelballen ab

Das abgetrennte Teilstück wird an anderer Stelle eingepflanzt und angegossen

Nicht zu große Pflanzen kann man auch ganz aus dem Boden nehmen und mit einem scharfen Messer zerteilen

reißt, den man an anderer Stelle sofort einpflanzt und angießt. Ist das nicht möglich, wird mit dem Spaten ein Teil abgestochen und ausgegraben.

Man kann auch die ganze Pflanze aus dem Boden herausnehmen und mit einem scharfen Messer zerteilen. Dabei wird meist ein Teil der Wurzeln zerstört, so daß der oberirdische Teil im gleichen Maße reduziert werden muß. Die beste Zeit für die Teilung ist vom Austrieb (bei Stauden mit fleischigem Wurzelhals) übers Frühjahr (bei herbstblühenden Alpenpflanzen und halbholzigen Stauden) bis zum Sommer nach der Blüte (Alpenpflanzen). Exakte Angaben finden Sie im Pflanzenporträtteil. Zu spät im Jahr darf nicht mehr geteilt werden, da den Pflanzen sonst nicht mehr genug Zeit zum Anwachsen verbleibt.

Empfindliche Gewächse sollte man nach dem Teilen solange im Topf weiterkultivieren, bis sie diesen durchwurzelt haben.

Tochterpflanzen durch Absenker zu gewinnen, ist nur bei einigen wenigen Steingartenpflanzen interessant – so zum Beispiel beim Rhododendron. Besitzt man seltene Arten, die im Handel nicht erhältlich sind, dann kann man damit befreundeten Gärtnern eine besondere Freude bereiten.

Im späten Frühjahr biegt man einen kräftigen Seitentrieb einer Rhododendron-Mutterpflanze nach unten und schneidet ihn an der Stelle, an der er in den Boden kommt, auf der Unterseite 3–4 cm schräg ein. Achtung: Der Zweig darf nicht durchtrennt werden. In den Schnitt klemmt man einen kleinen Stein und befestigt den Trieb mit einem Drahtbügel etwa 5–10 cm tief im Boden. Alle Blätter, die in die Erde gelangen würden, sind zu entfernen. Die Triebspitze mit einigem Blattwerk befindet sich über der Erdoberfläche. Das Loch deckt man mit einer

Absenker bei Rhododendron: Ein heruntergebogener Trieb wird auf der Unterseite 3–4 cm schräg eingeschnitten

In den Schnitt klemmt man einen kleinen Stein und befestigt den Trieb mit einem Drahtbügel in einer 5–10 cm tiefen Mulde

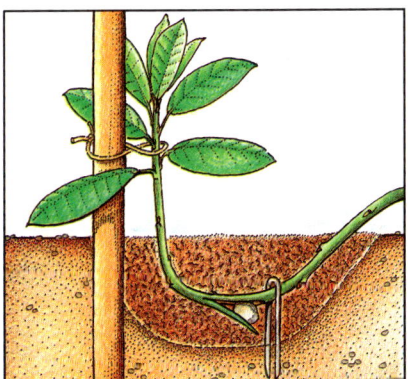

Das Loch wird mit einem Torf-Sand-Gemisch aufgefüllt und die Triebspitze an einem Pfahl befestigt

DIE PFLANZENWELT

Mischung aus Torf und Sand im Verhältnis 1:1 ab, drückt fest an und gießt. Die Triebspitze kann an einem Stock hochgebunden werden. Im nächsten oder übernächsten Frühjahr – je nach Bewurzelungsdauer – trennt man den Absenker ab und pflanzt ihn an seinen neuen Standort oder in einen Topf, wo er in Ruhe einen guten Ballen ausbilden kann.

Bei anderen Pflanzen, zum Beispiel bei Heidekrautgewächsen (*Erica*- und *Calluna*-Arten), werden einige Triebe mit einem Drahtbügel in der Erde festgesteckt und mit Erdreich beziehungsweise Torf abgedeckt. Dabei verschwinden nicht die gesamten Triebe im Boden, sondern die Spitzen schauen über die Erdoberfläche hinaus (wie beim Rhododendron). Nach einem Jahr haben sich Wurzeln gebildet.

<u>Ausläufer</u> sind auf oder unter der Erdoberfläche wachsende Seitensprossen. Ein sehr bekanntes Beispiel dafür ist die Erdbeere. Ausläufer besitzen in der Regel bereits Wurzeln, wenn man sie von der Mutterpflanze abtrennt oder absticht. Diese werden entweder in kleinen Töpfen noch eine Zeitlang großgezogen oder direkt an ihren Standort gesetzt.

Düngung

Allgemeine Anmerkungen

In einigen Büchern heißt es, daß Steingartenpflanzen keinen zusätzlichen Dünger benötigen. Als Grund wird oft angeführt, daß unsere Gewächse in den Alpen auch ohne Zusatznahrung auskommen. Doch zum einen stimmt das in dieser Form nicht, und zum anderen liegen in der freien Natur völlig andere Bedingungen vor. Das Klima in den Bergen führt zu einer wesentlichen Steigerung der Bodenorganismentätigkeit – viele Nährstoffe werden so pflanzenverfügbar. Nicht zuletzt bringen auch die Ausscheidungen von Wild und Vieh die gewünschten Nährstoffe für die Gewächse.

Bei uns im Garten ist das anders. Außerdem wollen wir, daß es überall im Steingarten prächtig grünt und blüht. Es ist eine Tatsache, daß richtig ernährte Pflanzen nicht nur schöner gedeihen und reichhaltiger blühen, sondern auch widerstandsfähiger gegen Krankheiten und Schädlinge sowie Frost und andere ungünstige Klimaeinflüsse sind.

Läßt also die Blütenpracht zu wünschen übrig oder kümmern einige Pflanzen dahin, dann kann dies an fehlenden Nährstoffen liegen. Allerdings muß vorher geprüft werden, ob der Standort pflanzengerecht gewählt wurde und kein Befall durch Schädlinge oder Krankheiten vorliegt. Einige Gewächse kümmern auf Böden mit zu hohem Kalkgehalt, sie benötigen saures Erdreich. Andere wiederum verlangen einen hohen pH-Wert, also viel Kalk im Boden, um ihre Pflanzenpracht entfalten zu können. Wichtig ist in allen Fällen, daß die Erde durchlässig ist und keine Staunässe, auch nicht zeitweise, auftritt.

Organisch oder mineralisch?

Die Befürworter naturgemäßen Gartenbaus raten in allen Fällen zu einer organischen Düngung. Die Vorteile sind:

1. Eine Überdüngung ist nur schwer möglich.
2. Die Bodenstruktur wird erhalten und verbessert.
3. Der Dünger wirkt über einen langen Zeitraum.
4. Die Auswaschungsrate der Nährstoffe ist wesentlich geringer als bei mineralischen Düngern.
5. Das Bodenleben wird aktiviert, der Humusgehalt steigt; die Bodenfruchtbarkeit wird erhalten und verbessert.
6. Durch seine dunklere Färbung erwärmt sich der Boden im Frühjahr schneller.

Der Nachteil einer organischen Düngung ist, daß sie nicht sofort wirkt, da der Dünger von den Bodenorganismen erst einmal in eine pflanzenverfügbare Form gebracht werden muß.

Die mineralische Düngung besitzt folgende Vorteile:
1. Die Dünger wirken sofort.
2. Man kann gezielt düngen (zum Beispiel mit Stickstoff).

Die Nachteile sind:
1. Einige mineralische Dünger werden relativ schnell ausgewaschen.
2. Bei ausschließlicher mineralischer Düngung verarmt das Bodenleben und der Humusgehalt sinkt. Die Bodenstruktur verschlechtert sich, die Bodenfruchtbarkeit läßt nach.

Es soll weder ausschließlich für die eine Art der Düngung noch für die andere gesprochen werden. Mineralische Dünger sind oft Retter in der Not, da sie sofort Abhilfe schaffen. Allerdings muß deutlich gesagt werden, daß die regelmäßige Versorgung unserer Böden mit organischen Materialien die Voraussetzung für eine anhaltende Bodenfruchtbarkeit ist. Mit einer ausschließlichen Mineraldüngung zerstören wir auf Dauer die Bodenstruktur. Das Bodenleben verarmt, und der Humusgehalt sinkt. Daher tut jeder

KRANKHEITEN, SCHÄDLINGE UND SCHÄDEN

gut daran, durch Einbringen von organischem Material für einen ausreichenden Humusgehalt zu sorgen. Bei guter Bodenfruchtbarkeit ist mit einem Kümmern der Pflanzen nicht zu rechnen. Auch hier gilt der Grundsatz: Vorbeugen ist besser als Heilen (mit mineralischen Düngern).

ORGANISCHE DÜNGUNG

Es gibt verschiedene organische Dünger. Als stickstoffhaltige Düngemittel sind zum Beispiel Blut- und Hornmehl, Hornspäne sowie Kompost zu nennen. Knochenmehl sowie Thomasmehl enthalten viel Phosphor, und Algenkalk ist magnesiumreich. Viel Kalium enthält Kompost, getrockneter Rindermist und Holzasche. Im Handel gibt es organische Dünger mit allen Nährstoffen.

MINERALISCHE DÜNGUNG

Es gibt eine ganze Palette verschiedener Mineraldünger. Einzeldünger enthalten einen bestimmten Nährstoff, zum Beispiel Stickstoff. Hiermit wird ganz gezielt gedüngt.
Mehrnährstoffdünger (NPK-Dünger im Fachhandel), auch unter dem Begriff Volldünger bekannt, sind eine Mischung aus mehreren Nährstoffen – meist Stickstoff (N), Phosphor (P), Kalium (K) und Magnesium (Mg).

Düngung übers Jahr

Grundsätzlich sollte man möglichst wenig düngen. Zum einen brauchen Steingartenpflanzen keine großen Nährstoffgaben, zum anderen sind kompakte Polster und Pflanzen viel attraktiver als große, mastige, ins Kraut schießende.
Es ist anzuraten, mindestens alle zwei Jahre organisches Material in den Steingarten zu bringen. Dadurch kann man auch ausgewaschene Erde ersetzen. Zum Beispiel ist eine Mischung aus Gartenerde und reifem Kompost zu empfehlen, die am besten im Herbst (Oktober/November) um die Pflanzen herum gestreut und leicht eingearbeitet wird.

Echter Mehltau am Asternblatt

Rost an Weide

Krankheiten, Schädlinge und Schäden

Krankheiten und Schädlinge spielen im Steingarten nur eine untergeordnete Rolle. Einige wenige Krankheiten sollen an dieser Stelle dennoch besprochen werden.

ECHTER MEHLTAU

Der Echte Mehltau ist ein „Schönwetterpilz", das heißt, er tritt erst bei höheren Temperaturen auf. Auf den Blüten, Blütenstengeln, Knospen und Blättern der befallenen Pflanzen sieht man einen weißen, mehlartigen Belag, der sich später bräunlich verfärbt. Er ist abwischbar. Der Echte Mehltau tritt zum Beispiel an Rosen, Begonien, Chrysanthemen, Cyclamen, Herbstastern und Hortensien auf.
Befallene Pflanzenteile entfernt und vernichtet man. Sie dürfen nicht auf den Kompost gegeben werden. Für eine Bekämpfung gibt es chemische und auch einige biologische Mittel, außerdem Pflanzenstärkungsmittel. Bei der Anwendung müssen die Herstellerhinweise beachtet werden. Wo es möglich ist, wählt man vorbeugend mehltauresistente Sorten.

ROST

Bei einem Befall durch einen Rostpilz zeigen sich blattunterseits orangefarbene bis braune, warzenförmige Gebilde, die beim Anstechen einen staubförmigen Inhalt entlassen. Dieser Staub sind eine Unmenge kleiner Vermehrungskörper, auch Sporen genannt. Die für den Hobbygarten gefährlichen Rostarten haben sich auf bestimmte Pflanzen spezialisiert. Das heißt, der Rosenrost befällt Rosen, nicht aber Malven, der Nelkenrost Nelken, nicht aber die Rosen. Gefährdete Pflanzen sind unter anderen Malven, Löwenmäulchen, Nelken, Rosen, Chrysanthemen, Pelargonien und Mahonien. Befallene Blätter und Pflanzenteile müssen sofort entfernt beziehungsweise aufgesammelt und vernichtet werden. Kranke Teile dürfen nicht auf den Komposthaufen!

GRAUSCHIMMEL

Grauschimmel, auch unter dem Namen Botrytis bekannt, verursacht im Endstadium der Infektion einen

DIE PFLANZENWELT

Grauschimmel am Rhododendron

Blattläuse an der Margerite

Küchenabfälle eignen sich gut als Köder für Schnecken

mausgrauen Pilzrasen auf vertrocknenden Pflanzenteilen. Der Pilz tritt vor allem bei hoher Luftfeuchte und zu dichtem Stand auf. Im Steingarten kommt diese Erkrankung daher selten vor. Entdeckt man doch einmal das Schadbild, dann werden befallene Pflanzenteile vernichtet (nicht auf den Kompost geben!), außerdem muß für eine ausreichende Belüftung der Gewächse gesorgt werden. Ein Ausschneiden hilft hier meist.

BLATTLÄUSE

Wie überall im Garten können Blattläuse auch im Steingarten den Pflanzen schwer zusetzen. Diese bis 3 mm langen, grünen, bräunlichen oder schwarzen Tiere sitzen meist an den Triebspitzen, die durch die Saugtätigkeit der Läuse verkrüppeln. Blattläuse schädigen die Pflanze durch Saftentzug, sie können aber auch Viren übertragen und dadurch großen Schaden anrichten. Außerdem geben sie ein zuckerhaltiges Sekret ab, auf dem sich dann schwarze Rußtaupilze ansiedeln können. Dadurch kommt es zu einer Verdunkelung der Blätter, und die Assimilation wird stark behindert.

Die naturgemäße Bekämpfung der Blattläuse ist immer noch sehr problematisch. Manche empfehlen Brennesseljauche, andere schwören auf eine Schmierseifenlösung. Im Handel gibt es ein biologisches Bekämpfungsmittel auf Pyrethrum-Basis. Unter den chemischen Mitteln haben sich die systemisch wirkenden Insektizide bewährt. Der Wirkstoff wird von der Pflanze aufgenommen und über den Saftstrom in alle Pflanzenteile transportiert. Die Blattläuse nehmen das Gift durch ihre Saugtätigkeit auf und verenden.

NACKTSCHNECKEN

Nacktschnecken können unter Umständen auch im Steingarten Schäden anrichten. Die nachtaktiven Tiere brauchen Feuchtigkeit, um sich fortzubewegen. Auf trockenem Untergrund wird man sie daher kaum finden.

Bei geringem Befall hilft ein Absammeln der Tiere am besten in der Morgendämmerung. Man kann auch Köder auslegen. Geeignet sind Häufchen aus Weizenkleie, Küchen- und Ernteabfällen sowie Schalen von Zitrusfrüchten. Abends und frühmorgens können und müssen die sich in großer Zahl an den Ködern befindlichen Schnecken abgesammelt werden. Mehr als zwei bis drei Tage nacheinander pro Woche darf man diese Methode nicht anwenden. Da die Substanzen eine ausgezeichnete Nahrungsquelle für die Tiere darstellen, wachsen sie schnell und werden äußerst fruchtbar. Schnecken, die man nicht erwischt, können sich dann sehr schnell vermehren. Es ist außerdem wichtig zu wissen, daß Köder Schnecken aus anderen Gartenteilen und auch von außerhalb des Gartens anziehen können. Man darf die Lockwirkung dieser Nahrung nicht unterschätzen. Kombiniert man die Köder mit künstlichen Schlafplätzen (umgedrehte Tontöpfe und feuchte Brettchen), ist die Fangquote noch größer.

MANGELHAFTE ERNÄHRUNG

Wie man richtig düngt, wurde bereits im Kapitel „Düngung" beschrieben. Fehlende Nährstoffe machen sich durch nachlassende Blütenpracht, Blattverfärbungen und kümmernde Pflanzen bemerkbar. Natürlich können auch Schädlinge und Krankheiten diese Symptome hervorrufen. Daher muß man sich die betroffenen Gewächse genau ansehen – unter Umständen mit einer Lupe.

Stickstoffmangel erkennt man zuerst daran, daß sich die untersten Blätter hellgrün oder gelb verfärben. Später nehmen auch die oberen diese Farbe an. Die Einzelblätter bleiben kleiner als üblich, die Stengel dünner.

Phosphormangel äußert sich zuerst durch eine graugrüne bis rötliche oder violette Verfärbung der ältesten Blätter. Mangelhafte Blüten- und Fruchtausbildung sind weitere Symptome.

Bei Kaliummangel treten die ersten Veränderungen an den ältesten Blättern auf. Ihre Blattränder verfärben sich, außerdem zeigt die Pflanze Welkeerscheinungen.

KRANKHEITEN, SCHÄDLINGE UND SCHÄDEN

Kaliummangelerscheinung an der Bergkiefer

Magnesiummangelerscheinung am Eichenblatt

Eisenmangelerscheinung am Rhododendronblatt

<u>Magnesiummangel</u> zeigt sich durch eine Gelbfärbung der Blätter, wobei die Blattnerven grün bleiben. Besonders bei Kalküberschuß – also auf alkalischen Boden – kann es zu Mg-Mangel kommen, da sich Kalzium und Magnesium bei der Aufnahme durch die Wurzeln gegenseitig beeinflussen.
<u>Eisenmangel</u> tritt meist auf leichten, alkalischen Böden (hoher pH-Wert) auf. Charakteristisch sind hellgrüne bis gelbe Blätter an der Sproßspitze. Zuerst bleiben die Blattnerven grün, hellen später aber auch auf.

WASSERMANGEL

Wenn die Pflanzen welken, es schon lange nicht mehr geregnet hat und die Gewächse auch nicht gegossen wurden, dann kann es den Steingartenpflanzen auch einmal an Wasser fehlen. Ganz besonders anfällig sind die Pflanzen in der ersten Zeit, nachdem sie gesetzt wurden. Hier muß regelmäßig gegossen werden (morgens und/oder abends, nie in der Mittagssonne).
Bei Immergrünen und Nadelgehölzen kann es zu einem Trockenschaden im Winter kommen, da die Gewächse mehr Wasser verdunsten, als sie aufnehmen können (Frosttrocknis). Bei gefrorenem Boden ist eine Wasseraufnahme eben nicht möglich. Daher müssen die Gehölze im Spätherbst und in frostfreien Perioden im Winter durchdringend gewässert werden.

STAUNÄSSE

Staunässe äußert sich in der Regel durch die gleichen Symptome wie Wassermangel, nämlich durch welkende Pflanzen. Ist das Erdreich stehend naß und faulen bereits die Wurzeln, dann muß man schnell handeln. Leider ist das nicht so einfach, da Staunässe im Steingarten in der Regel nur dann auftritt, wenn man nicht auf durchlässigen Untergrund und Boden geachtet hat. Selbst starke und dauerhafte Regenfälle führen in unseren Breitengraden bei einem richtig angelegten Steingarten nicht zur Vernässung. Stellt man also diese Ursache fest, muß oft der Untergrund neu aufgebaut werden.

FROSTSCHÄDEN

Im Steingarten können Frostschäden an empfindlichen Pflanzen auftreten. Laub und Stengel färben sich schwarz,

Frostschäden an einem Nadelgehölz

die Blätter am unteren Teil der Pflanze werden braun. Bei Nadelgehölzen verbräunen die Nadeln in Bodennähe. Vom Frost geschädigte Blüten zeigen schrumpelige Blütenblätter – von außen nach innen. Diese werden später weich und faulen. Die Staubgefäße sind oft schwarz verfärbt.
Pflanzen, die Winterschutz benötigen, schützt man durch Tannen- oder Fichtenzweige.
Rhododendron kann einen Winterschutz durch ein Lattengerüst, an dem Fichtenzweige befestigt sind, oder durch ein Abdecken mit diesen Zweigen bekommen. Leider ist dieser Schutz bei strengen Frösten nicht ausreichend. Daher muß man bereits bei der Pflanzenauswahl auf genügend winterharte Sorten achten.

Lattengerüst mit Fichtenzweigen als Winterschutz für Rhododendron

DAS PFLANZEN-BREVIER

Laubgehölze

Acer japonicum 'Aconitifolium'
Japanischer Ahorn, Japanahorn

Wie der Name schon sagt, stammt diese Pflanze ursprünglich aus Japan. Die Art *Acer japonicum* wird bei uns üblicherweise nicht in den Hausgärten verwendet, sondern meist die beiden Formen 'Aconitifolium' und 'Aureum'. Die baum- bis strauchartig wachsende Sorte 'Aconitifolium' kann im Alter 3 – 4 m Höhe erreichen. Die feinen, fiederlappigen Blätter sind im Frühjahr und Sommer frisch grün. Zum Ende der Wachstumsperiode zeigt sich der Japanische Ahorn in seinem herrlich roten Herbstgewand. Er blüht im Mai. Die feinen, purpurfarbenen Blüten sind ausgesprochen zierend.

A. japonicum 'Aconitifolium' liebt einen guten Gartenboden ohne Staunässe. Für eine geschützte Lage ist er dankbar. Ansonsten werden keine besonderen Ansprüche gestellt. Das Gehölz eignet sich für Solitärstellung, braucht also Platz. Für kleine Steingärten sollte es nicht vorgesehen werden.

Arctostaphylos uva-ursi
Gemeine Bärentraube

Das Verbreitungsgebiet der Gemeinen Bärentraube erstreckt sich fast über ganz Europa, das nördliche Sibirien und Nordamerika bis Virginia, Neu-Mexiko und Kalifornien. *Arctostaphylos uva-ursi* gehört zur Familie der Heidekrautgewächse.

Das zwergwüchsige, immergrüne Gehölz entwickelt bis zu 100 cm lange Zweige, die sich 20–30 cm über dem Boden ausbreiten. Der wertvolle Bodendecker überzieht mit seinen langen Schleppen mühelos Felsen und

Acer japonicum 'Aureum', Japanahorn

Berberis buxifolia 'Nana', Berberitze

Mauern. Die Blätter sind ledrig und dunkelgrün. Die Blüten erscheinen oft schon im Herbst, öffnen sich aber erst im April oder Mai und blühen unscheinbar in Weiß bis Rosa in endständigen Trauben. Bei Fremdbefruchtung entwickeln sich rote, erbsengroße Früchte.

Die Gemeine Bärentraube liebt humoses, leichtes, durchlässiges und sandiges Erdreich und sollte halbschattig stehen. Das Gehölz ist frostgefährdet. Bei Wintersonne und tiefen Temperaturen ohne den Schutz von Schnee oder Reisig verfärben sich die Blätter schnell schwarz (Frostschaden). Daher muß *Arctostaphylos uva-ursi* bei solchen Witterungsbedingungen durch Fichtenzweige geschützt werden.

Eine Vermehrung ist durch Ausläufer möglich. Auf dem Boden aufliegende Zweige sind in der Regel schon bewurzelt. Man schneidet sie ab, topft sie ein und kultiviert sie weiter.

Die Gemeine Bärentraube eignet sich für eine Pflanzung auf der Mauerkrone.

Arctostaphylos uva-ursi, Gemeine Bärentraube

Berberis buxifolia 'Nana'
Buchsblättrige Berberitze

Berberis buxifolia stammt aus Chile und Argentinien. Bei uns wird oft die Gartenform 'Nana' kultiviert.

Das hübsche Zwerggehölz erreicht eine Höhe von bis zu 40 cm. Die kleinen, kugelig wachsenden Büsche sind immergrün und besitzen bedornte Zweige. Sie blühen orangegelb im Mai und bilden runde, schwarzrote Früchte.

B. buxifolia 'Nana' möchte sonnig bis

LAUBGEHÖLZE

Berberis thunbergii 'Bagatelle', Thunbergs Berberitze

Betula nana, Zwergbirke

Betula nana
Zwergbirke, Polarbirke

Betula nana ist unter anderem in Nordeuropa, Nordasien und in den Gebirgen Mitteleuropas weit verbreitet.

Wie der deutsche Name schon andeutet, bleibt das Gehölz klein. Es wird bis 50 cm hoch – selten bis 100 cm. Die hübschen, zierlich wirkenden Blätter besitzen eine runde Form ohne Spitze. Das Gehölz bildet bis 1 cm lange, eiförmige, sitzende Kätzchen.

Die Zwergbirke liebt sonnige Plätze und frische Böden. Eine Vermehrung ist durch Stecklinge möglich, die im Juni oder Juli geschnitten werden. Der Erfolg ist jedoch sehr unterschiedlich.

Buddleja alternifolia, Schmetterlingsstrauch

Berberis thunbergii
Thunbergs Berberitze

Diese Art stammt aus Japan. Bei uns werden verschiedene Sorten kultiviert. Die Zwergformen sind für Steingartenanlagen geeignet.

Berberis thunbergii 'Atropurpurea Nana' gehört zu den bekanntesten Heckenpflanzen. Der klein bleibende Strauch erreicht eine Höhe von bis zu 30 cm, kann allerdings viel breiter wachsen. Auch die Sorten 'Bagatelle' und 'Kobold' sind ausgesprochene Zwerge. Sie wachsen sehr langsam und werden bis 40 cm hoch. Beide eignen sich für Trogsteingärten. Es gibt noch einige andere Sorten, die verwendet werden können. Alle entwickeln einen schönen Fruchtschmuck.

B.-thunbergii-Sorten sind sommergrün und besitzen bedornte Zweige. Sie stellen weder an den Standort noch an den Boden besondere Ansprüche. Man verwendet sie gern in größeren Anlagen. Die Pflanzen eignen sich für eine Einzelstellung. Auf Schnittmaßnahmen sollte man in der Regel verzichten, es kann jedoch gelegentlich vorsichtig ausgelichtet werden.

Eine Vermehrung ist durch Stecklinge ab Mitte Juli möglich.

Buddleja alternifolia
Buddleie, Schmetterlingsstrauch

Der Schmetterlingsstrauch, der auch Sommerflieder genannt wird, stammt aus Nordwestchina. Er gehört zu unseren schönsten und attraktivsten Blütengehölzen überhaupt.

Buddleja alternifolia wird 200–400 cm hoch. Die langen, peitschenförmigen Zweige tragen lanzettliche, dunkelgrüne Blätter mit weißlicher Unterseite. Die Blüten entwickeln sich auf der gesamten Astlänge in dichten Büscheln. Die Blütenfarben variieren. Die meisten Sorten blühen sehr schön in purpur und lila Tönen ab April und verbreiten einen angenehmen Duft.

Das Gehölz liebt leichte bis mittelschwere Gartenböden ohne Staunässe. Es sollte sonnig und geschützt stehen. Wie schon der Name verrät, zieht *B. alternifolia* Schmetterlinge magisch an. An den hübschen Blüten tummeln sich zahlreiche verschiedene Falter.

Eine Vermehrung ist durch Stecklinge möglich, die im Sommer geschnitten werden.

halbschattig stehen. Auch auf der Mauerkrone gedeiht die anspruchslose Pflanze gut. Sie ist etwas frostempfindlich und sollte daher einen Winterschutz bekommen – besonders während schneefreier Wintersonnentage. Besondere Schnittmaßnahmen sind meist nicht nötig. Die immergrünen Berberitzen wollen lieber ungestört wachsen.

Eine Vermehrung ist durch gut ausgereifte, aber nicht verholzte Stecklinge möglich, die nicht vor Mitte September geschnitten werden.

DAS PFLANZENBREVIER

Caryopteris x clandonensis, (Bastard-) Bartblume

Caryopteris incana, Bartblume

Clematis tangutica, Mongolische Waldrebe

Caryopteris x clandonensis
(Bastard-) Bartblume

Caryopteris x *clandonensis* wurde um 1930 in England aus *C. incana* und *C. mongholica* gezüchtet. Sehr bekannt ist die empfehlenswerte Sorte 'Heavenly Blue'.
Das Gehölz kann eine Höhe bis 80 cm erreichen, bleibt jedoch oft kleiner. Seine blauen Blütenbüschel öffnen sich im August oder September. Sie sind bestechend schön und kommen zu einer Jahreszeit, in der der Blütenflor im Steingarten schon sehr rar wird.
Die Bartblume verlangt einen sonnigen bis halbschattigen Platz und leichte Böden. Leider ist das Gehölz frostempfindlich und benötigt daher einen Winterschutz. In der Regel erfrieren trotzdem alljährlich viele Triebe, die zurückgeschnitten werden müssen. Im Frühjahr treibt die Pflanze jedoch willig wieder aus und blüht reichlich.
Eine Vermehrung ist durch Stecklinge möglich.

Caryopteris incana
Bartblume

Caryopteris incana ist in Japan, Korea, China und Taiwan beheimatet.
Das Gehölz kann eine Höhe von 100 cm erreichen. Der wertvolle Herbstblüher

Clematis alpina, Alpenwaldrebe

öffnet seine blauen bis violetten Blüten ab August.
C. incana liebt leichte Böden in sonniger Lage und eignet sich für eine Pflanzung auf der Trockenmauerkrone. Da die Frosthärte gering ist, sind Schutzmaßnahmen erforderlich. Trotzdem frieren jährlich zahlreiche Triebe zurück. Nach einem Schnitt treibt das Gehölz aber wieder aus und erfreut uns noch im gleichen Jahr mit herrlichen Blüten. Die Bartblume kann durch Stecklinge vermehrt werden.

Clematis alpina
Alpenwaldrebe

Die Alpenwaldrebe stammt aus dem Alpenraum und kommt dort auf felsigem Untergrund, Schutthalden und in Gebüschen vor.

Die Ranken erreichen eine Länge von 100–200 cm und überwachsen rasch ganze Felsen oder schlingen sich um kleinere Koniferen. Die traumhaften, violetten Blüten öffnen sich ab Mai, die Blütezeit kann bis August dauern. Die Glockenform der Blüte und ihre Länge von bis zu 4 cm machen die Pflanze zu einem besonderen Schmuckstück des Steingartens.
Clematis alpina liebt nahrhaften, frischen, kalkhaltigen Boden und möchte im Wurzelbereich gern von niedrigen Gehölzen oder anderem beschattet werden. Der obere Pflanzenteil wächst gerne in der Sonne – aber auch im Halbschatten. Die Alpenwaldrebe darf nur vorsichtig ausgelichtet beziehungsweise nach der Blüte zurückgenommen werden.

Clematis tangutica
Mongolische Waldrebe

Clematis tangutica ist in der Mongolei und Nordwestchina beheimatet.
Die außerordentlich attraktive Pflanze klettert 200–300 cm hoch, begrünt jedoch auch gern Böschungen und ähnliches. Die Hauptblütezeit liegt im Juni und Juli, danach erscheinen nur noch vereinzelt die goldgelben Blüten. Sehr zierend sind die behaarten Früchte im Herbst, die dieser Waldrebe eine besondere Note geben.

LAUBGEHÖLZE

Cotinus coggygria, Perückenstrauch

Cotoneaster horizontalis, Fächerzwergmispel

Cotoneaster praecox, Frühlingsmispel

Das Gehölz bevorzugt nahrhafte, frische Böden und liebt eine Beschattung seines Wurzelbereiches. Der obere Pflanzenteil wächst gerne in der Sonne.

Cotinus coggygria
Perückenstrauch, Fisettholz

Die Heimat von *Cotinus coggygria* erstreckt sich vom Mittelmeerraum bis nach Mittelchina und dem Nordwesthimalaya.

Der Strauch wird bis 300 cm hoch, seltener auch bis zu 500 cm. Die sommergrünen Blätter verfärben sich im Herbst herrlich orange bis rot. Die Blütezeit beginnt im Juni und dauert bis Juli. Den Namen prägten die dichtwolligen, auffälligen Fruchtrispen beziehungsweise „Frucht"-Stiele, die den gesamten Strauch wie eine flauschige Perücke überziehen.

C. coggygria liebt warme, kalkhaltige Böden in der Sonne. Der wenig empfindliche Strauch ist für eine Solitärstellung nur in größeren Anlagen geeignet. Im Frühjahr kann ausgelichtet werden. Das attraktive Gehölz soll giftig sein.

C. coggygria 'Royal Purple', der Rotblättrige Perückenstrauch, ist eine schöne holländische Liebhabersorte. Die Blätter zeigen eine rote Färbung mit metallischem Glanz.

Cotoneaster horizontalis
Fächerzwergmispel, Fächerfelsenmispel

Dieses Gehölz stammt aus Westchina. Bei uns gibt es einige interessante Sorten in Kultur.

Cotoneaster horizontalis wird bis zu 100 cm hoch und kann dreimal so breit werden. Die Blätter sind glänzend grün gefärbt und eiförmig. Im Herbst legt die Pflanze ihr wunderschönes, rotes Gewand an. Sie ist halbimmergrün, das heißt, daß nicht alle Blätter im Winter abfallen. Während der Blütezeit von Mai bis Juni tummeln sich zahlreiche Bienen an dem anspruchslosen Gehölz. Die Blüten sind weiß oder zart rosa. Zierender sind die hellroten Früchte, die von September bis Dezember überreich den Strauch bedecken.

Das Gehölz ist anspruchslos und gedeiht sowohl im Halbschatten als auch in der Sonne. Nötige Schnittmaßnahmen verträgt *C. horizontalis* gut.

Das Gehölz ist eine ausgezeichnete Bienenweide. Vermehrt wird durch Stecklinge im Juli/August oder durch Aussaat.

Die Sorte 'Saxatilis' erreicht eine Wuchshöhe von 20 cm und wächst kriechend. Sie ist anspruchslos und schnittverträglich. Die Liebhaberpflanze entwickelt weiße Blüten und schöne, rote Beeren.

Cotoneaster praecox
Nan-Shan-Zwergmispel, Frühlingsmispel

Dieses Gehölz stammt aus Westchina. Es sind verschiedene Sorten in Kultur bekannt.

Die Frühlingsmispel kann eine Höhe von 50–80 cm erreichen. Sie wird bis zu 150 cm breit. Die bogigen Triebe tragen glänzendgrünes Laub, das sich im Herbst leuchtendrot verfärbt. Die Blütezeit liegt im Mai und Juni. Die Blüten sind groß und rosa gefärbt. Der rote Fruchtschmuck ziert von August bis September.

Die Pflanze stellt keine besonderen Ansprüche und ist frosthart. Sie wächst hervorragend in sonnigen bis halbschattigen Lagen und verträgt einen nötigen Schnitt gut.

Das Gehölz ist eine Vogelfutterpflanze und Bienenweide. Es lockt während der Blütezeit zahlreiche Insekten in den Garten. Eine Vermehrung ist durch Stecklinge im Juli/August oder durch Aussaat möglich.

Die Sorte 'Hessei' wird bis 60 cm hoch, wächst langsam und dicht. Diese Liebhaberpflanze stellt die gleichen Ansprüche wie die oben beschriebene Art.

DAS PFLANZENBREVIER

Cytisus x beanii
Geißklee, Ginster

Cytisus x *beanii* ist eine Hybride, die in England gezüchtet wurde. Die Eltern sind *C. ardoini* und *C. purgans.*
Der niederliegende beziehungsweise kriechende Busch kann eine Höhe von 60–80 cm erreichen. Die Blütezeit liegt im Mai. Zu dieser Zeit ist der Strauch von schönen, gelben Blüten überzogen. *C.* x *beanii* liebt sonnige Plätze und ist absolut winterhart. Das Gehölz wird nicht geschnitten. Es eignet sich auch für eine Pflanzung auf der Mauerkrone, die es schnell überwächst.
Vermehrt wird durch Stecklinge, die im Juli/August von krautigen Trieben gewonnen werden.

Cytisus decumbens
Geißklee, Frühlingszwergginster

Cytisus decumbens ist von Mittelfrankreich bis nach Süditalien und Albanien verbreitet.
Das Gehölz wird oft nur 20 cm hoch. Die Blütezeit erstreckt sich von Mai bis Juni. Die wunderschönen, gelben Blüten überdecken während dieser Zeit den Busch überreich und verwandeln ihn in einen goldenen Teppich.
Dieses ausgesprochen hübsche Zwerggehölz für alpine Anlagen liebt sonnige, trockene, kalkhaltige Hänge und wächst auch auf Mauerkronen. Es braucht Winterschutz – besonders in gefährdeten Lagen.
Wie schon bei der vorstehenden Art beschrieben, kann man es durch Stecklinge vermehren, die im Juli/August geschnitten werden.

Daphne cneorum
Rosmarinseidelbast

Der Rosmarinseidelbast, der auch unter den Namen Wohlriechender Seidelbast, Steinrösl, Heideröschen, Reckhölderle bekannt ist, findet man in den mittel- und südeuropäischen Gebirgen bis zur Mittelukraine.
Die immergrüne Pflanze erreicht eine Höhe bis zu 40 cm. Der wertvolle Zwergstrauch blüht im April und Mai herrlich dunkelrosa und duftet angenehm.
Daphne cneorum bevorzugt sonnige Lagen und kalkhaltige bis neutrale, steinige Böden. Eine Pflanzung auf der Mauerkrone ist möglich. Das Gehölz steht unter Naturschutz.
Ein besonderes Schmuckstück ist die Sorte 'Major', die sich im Mai in ein rosa Duftkissen verwandelt.

Erica herbacea (E. carnea)
Schneeheide, Frühlingsheide

Die Schneeheide ist in den Alpen, südlich bis Mittelitalien, nördlich bis Mitteldeutschland und östlich bis Oberösterreich verbreitet. Oft wird diese Art unter ihrem alten botanischen Namen *Erica carnea* geführt. Bei uns kommt sie in verschiedenen Sorten vor.
Die Pflanze erreicht eine Höhe von 15–40 cm. Sie besitzt 4–8 mm lange, nadelförmige Blättchen, deren Farbe je nach Sorte dunkelgrün, golden oder rotbronze ist. Die Blütezeit im Winter, die sortenabhängig von Dezember bis April dauern kann, macht die Schneeheide besonders wertvoll und interessant. Die Blütenfarbe ist sortenabhängig und variiert von Weiß über Rosa nach Rot.
E.-herbacea-Sorten vertragen sonnige bis halbschattige Lagen. Sie wachsen auch auf Mauerkronen gut. Die

Genista lydia, Balkanginster (gelb) und Pinus mugo, Bergholzkiefer

Cytisus decumbens, Geißklee

Daphne cneorum, Rosmarinseidelbast

LAUBGEHÖLZE

Erica herbacea, Schneeheide

Hedera helix 'Ovata', Efeu

Gehölze gehören zu den wenigen Vertreter der Heidegewächse (Ericaceae), die Kalk im Boden tolerieren. Sie eignen sich für Gruppenpflanzungen, nie sollte man sie einzeln stellen. Um die Pflanzen buschiger und langlebiger zu halten, empfiehlt sich ein Rückschnitt nach der Blüte. Dabei werden die Blütenstände entfernt. Man darf keinesfalls bis ins alte Holz zurückschneiden. Einige Sorten sollen an dieser Stelle kurz angesprochen werden: 'Rubra' blüht intensiv rot, 'Springwood White' weiß. Auch 'Winter Beauty' ist eine attraktive Varietät, die dunkelrosa und überreich blüht. Weitere empfehlenswerte Sorten sind 'Cecilia M. Beale', 'Snow Queen' und 'Vivelli'. Über Blatt- und Blütenfarbe erkundigt man sich am besten direkt beim Gärtner.

Genista lydia
Ginster, Balkanginster

Der Balkanginster ist – wie der deutsche Name schon verrät – im Balkan beheimatet.
Das Zwerggehölz kann bis zu 50 cm hoch werden. Er wächst halbkugelig und entwickelt dünne, manchmal niederliegende Triebe. Die Blütezeit liegt im Mai und Juni. Die schönen, goldgelben Blüten entwickeln sich zahlreich entlang der Triebe.
Genista lydia liebt leichte, lockere, warme, auch magere Böden an sonnigen Standorten. Der Strauch ist nicht ausreichend winterhart und benötigt daher einen Schutz. Ein Schnitt ist in der Regel nicht nötig – nur wenn Triebe zurückfrieren, werden die abgestorbenen Teile im Frühjahr entfernt. Wegen der tiefen Pfahlwurzel sollte man von einer Verpflanzung absehen und nur Gewächse mit Topfballen setzen.
Vermehrt wird durch Stecklinge, die man im Juli/August von krautigen Trieben gewinnt.

Hedera helix
Efeu

Der Efeu ist eine der bekanntesten und weit verbreitetsten Kletterpflanzen. Er ist in ganz Mitteleuropa, vorwiegend in feuchten Wäldern (Auewäldern) mit ausreichender Luftfeuchtigkeit, vertreten. Wesentliche Eigenschaften der Pflanze sind die großen Blätter mit mehreren Spitzen und die verholzten, dabei herabhängenden oder kletternden Triebe.
Für eine Steingartenpflanzung wählt man kleinblättrige und schwachwüchsige Sorten. Die Pflanze ist ein Wurzelkletterer. Mühelos erklimmt sie Bäume und Mauern, überwächst aber auch schnell Felsen und Böschungen. Sie wird als wertvoller Bodendecker hoch geschätzt.
Der Efeu ist immergrün. Er blüht erst im September/Oktober, die schwarzen Beeren reifen im folgenden Jahr. Wuchshöhe, Blattform und Blattfarbe sind sortenabhängig.
Die Pflanze bevorzugt halbschattige bis schattige Standorte. Sie ist relativ anspruchslos. Vermehrt wird durch Stecklinge in der Wachstumsperiode, für kleinblättrige Sorten soll der Juni am besten geeignet sein.
Die Sorte 'Conglomerata' wird oft angeboten. Diese Zwergform liebt mildere Klimate. 'Conglomerata Erecta' bleibt kleiner als die erstgenannte Varietät. Auch 'Ovata', 'Erecta', 'Minima' und 'Sagittifolia' eignen sich für Steingärten und für Miniaturgärten in Trögen und Schalen. Das Angebot ist händlerabhängig, über weitere Sorten erkundigt man sich am besten beim Gärtner oder Pflanzenversender.

DAS PFLANZENBREVIER

Hypericum calycinum
Johanniskraut

Dieses hübsche Gehölz stammt aus Südostbulgarien und der Türkei. In West- und Südeuropa ist es heute stellenweise eingebürgert.
Die stark ausläufertreibende Pflanze erreicht eine Höhe von 30 cm. Sie ist immergrün und blüht überreich von Juli bis September. Die schönen, bis 7 cm breiten, gelben Blüten wirken mit ihren Staubblättern, die rötliche Antheren (Staubbeutel) tragen, besonders apart.
Da *Hypericum calycinum* stark wuchert, ist das Gehölz nur für größere Anlagen zu empfehlen. Es wächst an sonnigen bis halbschattigen, etwas geschützten Standorten. Oberirdische Teile, die im Winter erfrieren, schneidet man vor dem Austrieb zurück. Es bilden sich in der Regel genügend neue. Eine Vermehrung ist durch Kopf- und Teilstecklinge von Mai bis September möglich. Bei ersteren wird empfohlen, die weiche Spitze zu entfernen, die Blätter kürzt man teilweise ein.

Hypericum 'Hidcote'
Johanniskraut

Die Herkunft der Hybride 'Hidcote' ist noch nicht geklärt, wenngleich die Pflanze weit verbreitet ist und gerne im Garten kultiviert wird.
Der Strauch erreicht eine Höhe von 150 cm und wuchert nicht wie die vorher beschriebene Art *Hypericum calycinum*. Die gelben Blüten öffnen sich von Juli bis Oktober. Sie erreichen einen Durchmesser von 5–7 cm.
Die Hybride bevorzugt halbschattige bis sonnige Plätze, die geschützt liegen sollten. Erfrorenes schneidet man vor dem Austrieb zurück.
Für die Vermehrung gilt das bei *H. calycinum* bereits gesagte.

Ilex crenata
Japanische Stechpalme

Wie der deutsche Name schon andeutet, stammt *Ilex crenata* aus Japan. In unseren Regionen werden verschiedene Sorten kultiviert.
Die Pflanzenhöhe beträgt 200–300 cm. Einige Formen bleiben kleiner. Die Blütezeit liegt im Mai/Juni. Die Blüten selbst sind allerdings unscheinbar. Zierend ist das immergrüne, markante Blatt. Form und Farbe variieren von Sorte zu Sorte. Schön sind auch die schwarzen, kugeligen Beeren im Herbst.
I. crenata bevorzugt sonnige bis halbschattige Standorte, gedeiht allerdings auch im Schatten. Einige Sorten vertragen schattige Plätze besonders gut. Windgeschützte Lagen mit Schutz vor Wintersonne sollten gewählt werden. Wie bei allen immergrünen Gewächse muß im Winter auf eine ausreichende Wasserversorgung geachtet werden. In den ersten Jahren nach der Pflanzung deckt man die Pflanzscheibe ab.
Die Japanische Stechpalme ist ein Vogelschutzgehölz.
Einige empfehlenswerte Sorten werden an dieser Stelle kurz vorgestellt: 'Convexa' ist eine besonders winterharte Varietät, die außerdem Schatten gut verträgt. Sie bleibt mit einer Höhe von bis zu 150 cm kleiner als die Art. 'Hetzii' wird ähnlich hoch wie die vorher genannte Sorte und eignet sich für eine Steingartenpflanzung. 'Microphylla' und 'Golden Gem' bleiben beide kleiner als die Art.

Lavandula angustifolia
Echter Lavendel

Der Echte Lavendel ist im Mittelmeergebiet weit verbreitet. Er ist ein Halbstrauch und wird bei uns in verschiedenen Sorten kultiviert.
Die angenehm duftende Pflanze erreicht – je nach Sorte – eine Höhe von bis zu 60 cm. Die blauen Blüten öffnen sich von Juni bis August, stehen über dem Laub und wirken als Kontrast zu den grünen, weiß- bis graufilzigen Blätter sehr apart. Einige Varietäten besitzen silbergraues Laub und blühen überreich. Während der Blütezeit tummeln sich viele Falter auf dem Gehölz. Die Pflanze ist immergrün.
Der Echte Lavendel liebt sonnige Standorte mit durchlässigem, etwas kalkhaltigem Boden. Sowohl Gruppenpflanzung als auch Einzelstellung ist möglich. Das Gehölz eignet sich für Mauerkronen und Tröge.
Vermehrt wird durch Stecklinge, die im Sommer geschnitten, unter Glas gut bewurzeln.
Einige empfehlenswerte Sorten sollen genannt werden: 'Grappenhall' wächst stark und wird bis zu 60 cm hoch. 'Hidcote Blue' erreicht nur eine Höhe von 30 cm und weist einen kompakten Wuchs auf. Die Sorte blüht tiefviolettblau. 'Munstead' mit etwa 40 cm Höhe ist eine tiefblaue Gartenform. 'Rosea' mit graugrünen Blättern entwickelt hellrosa Blüten und wird bis zu 40 cm hoch.

Potentilla fruticosa
Fingerkraut

Das Fingerkraut, auch Strauchfingerkraut oder Gemeiner Fingerstrauch genannt, ist weit verbreitet. So findet man es in Japan, weiten Teilen Nordamerikas, West- und Südwesteuropa und im Baltikum. Eine Reihe von Sorten wurden sogar aus geographisch voneinander getrennten Sippen gezüchtet.
Die Art selbst kann eine Höhe von bis zu 150 cm erreichen. Viele Sorten bleiben aber niedriger. Die Blütezeit reicht von Mai bis Oktober und ist sortenab-

LAUBGEHÖLZE

Hypericum calycinum, Johanniskraut

Hypericum 'Hidcote', Johanniskraut

Lavandula angustifolia, Echter Lavendel

Ilex crenata, Japanische Stechpalme

Potentilla fruticosa, Fingerkraut

hängig. Alle sind ausgesprochene Dauerblüher. Die Blütenfarbe von *Potentilla fruticosa* ist gelb, die Sorten können auch in anderen Tönen blühen. Die Varietäten, die unten genannt werden, lieben durchlässigen Boden und einen sonnigen Platz, vertragen aber auch kältere und gemäßigtere Zonen. 'Farreri Prostrata' bevorzugt halbschattige Lagen. Alle sind anspruchslos und pflegeleicht. Sie vertragen schlechteres Erdreich und sind unempfindlich gegenüber Trockenheit. Ein Schnitt findet am besten von Februar bis März statt.

Die Pflanzen sind eine ausgezeichnete Bienenweide.

Die Vermehrung durch Stecklinge ist möglich, aber schwierig. Sie werden von Juli bis September geschnitten und dürfen weder zu hart noch zu weich sein.

Nun einige Einzelheiten zu den verschiedenen Sorten: *P. fruticosa* var. *arbuscula* mit einer Höhe von bis zu 40 cm blüht goldgelb von Mai bis Oktober. Die Varietät ist als Bodendecker geeignet. 'Farreri' erreicht eine Höhe von bis zu 70 cm und eine Breite von bis zu 90 cm. Die zahlreichen, gelben Blüten öffnen sich von Mai bis August. 'Farreri Prostrata' (= 'Pyrenaica') ist eine gelbblühende Sorte, die ihre Blüten von Mai bis Oktober öffnet. Sie wird als Bodendecker und im Trog gerne verwendet. 'Goldfinger' entwickelt seine unzähligen, zitronengelben Blüten von Mai bis Oktober. 'Hachmann's Gigant' wird bis zu 80 cm hoch und ist breitwüchsig. Diese wertvolle Sorte eignet sich als Bodendecker. 'Longacre' wächst kissenförmig. Diese Liebhaberpflanze ist ein wertvoller Bodendecker und blüht ununterbrochen von Mai bis Oktober mit zartgelben Blüten. 'Tangerine' erreicht eine Wuchshöhe von bis zu 80 cm. Die orangegelben Blüten öffnen sich von Juni bis September. Weiß blüht *P. fruticosa* var. *mandshurica*. Die niederliegenden Triebe werden bis zu 40 cm hoch. Es gibt noch eine ganze Reihe anderer Sorten. Über das Angebot informiert man sich beim Gärtner oder Pflanzenversender.

DAS PFLANZENBREVIER

Prunus tenella
Zwergmandel

Prunus tenella ist im östlichen Mitteleuropa bis nach Ostsibirien beheimatet. Die Pflanze kennt man auch unter dem alten botanischen Namen *Amygdalus nana*.

Die Zwergmandel kann bis zu 100 cm hoch werden. Die zahlreichen, rosaroten Blüten sind besonders attraktiv. Sie erscheinen sehr früh im Jahr – nämlich von April bis Mai.

Der Zierstrauch liebt trockene, sonnige Plätze. In sommerheißen Lagen kommt er bei uns unter Umständen wild vor.

Eine Vermehrung ist durch Stecklinge – mit unterschiedlichem Erfolg – möglich.

Die Sorte 'Firehill' blüht rot und ist trockenheitsresistent. Sie eignet sich für eine Pflanzung in größeren Trögen.

Rhododendron ferrugineum
Alpenrose, Rostblättrige Alpenrose

Diese niedrig bleibende Alpenrose stammt aus den Alpen, den Pyrenäen und den Gebirgen Westjugoslawiens.

Die Pflanze kann eine Wuchshöhe von bis zu 100 cm erreichen. Die dünnen Triebe liegen oft nieder, das Blatt ist immergrün. Die wunderschönen Blüten, von denen immer sechs bis zwölf Stück in einem Büschel zusammenstehen, öffnen sich von Ende Mai bis Juni. Die Farbe ist dunkelpurpurrosa. Das Gehölz ist giftig, und es steht unter Naturschutz.

Rhododendron ferrugineum verlangt halbschattige Lagen mit kalkarmem (saurem), humosem Boden. Auf kalkreichem Erdreich wird man keine Freude an dieser schönen Pflanze haben. Während der kalten Jahreszeit muß man, wie bei anderen immergrü-

Prunus tenella 'Firehill', Zwergmandel

nen Gewächse auch, auf eine ausreichende Wasserversorgung achten. Im Herbst wird durchdringend gegossen; unter Umständen auch an frostfreien Tagen im Winter. Ein Winterschutz aus Fichtenreisig ist vorteilhaft.

Rhododendron hirsutum
Almenrausch, Rauhblättrige Alpenrose

Dieses Gehölz ist in den Mittel- und Ostalpen sowie in Nordwestjugoslawien beheimatet.

Die Art gehört zu den zwergig wachsenden Rhododendren. Sie erreicht eine Wuchshöhe von bis zu 100 cm. Die Blütezeit liegt im Juni. Dann öffnen sich die wunderschönen, rosa bis hellroten Blüten, von denen immer drei bis zehn zusammensitzen.

Rhododendron hirsutum liebt freie, trockene, sonnige (auch halbschattige) Lagen. Kalk im Boden wird nicht vertragen. Das Gehölz steht unter Naturschutz. Es ist giftig.

Rhododendron-Impeditum-Hybriden
Zwergalpenrosen

Bei diesen Hybriden handelt es sich um zwergwüchsige und frostharte Pflanzen. Die Höhe ist sortenabhängig, genauso wie die Blütezeit und die Blütenfarbe.

LAUBGEHÖLZE

Rhododendron ferrugineum, Alpenrose

Rhododendron hirsutum, Almenrausch

Rhododendron-Repens-Hybride 'Baden-Baden', Zwergalpenrose

Die Pflanzen verlangen kalkarme bis kalkfreie Böden. Auf ein saures Erdreich muß daher geachtet werden. Zwergalpenrosen bevorzugen halbschattige bis sonnige Lagen. Wie bei allen immergrünen Gewächsen muß man auf eine ausreichende Wasserversorgung im Winter achten. Im Herbst gießt man durchdringend und unter Umständen an frostfreien Tagen während der kalten Jahreszeit.

'Blue Tit' erreicht eine Höhe von bis zu 100 cm. Die Sorte wächst kompakt. Die Blüten erscheinen von April bis Mai und sind leuchtend blau gefärbt. Es handelt sich um eine sehr wertvolle Liebhaberpflanze. 'Lavendula' entwickelt zartlila Blüten mit bräunlich-grüner Zeichnung. Das Laub verfärbt sich im Winter bronzefarben. Die Wuchshöhe beträgt bis zu 100 cm.

'Moerheim' wächst kompakt und wird nur bis zu 40 cm hoch. Die hübschen, violetten Bluten erscheinen im Mai. Die anspruchslose Sorte ist sehr winterhart. Es gibt noch eine Reihe anderer Sorten. Man erkundigt sich beim Gärtner oder in Baumschulen.

Rhododendron-Repens-Hybriden
Zwergalpenrosen

Hierbei handelt es sich – wie der deutsche Name schon andeutet – um ein kleinbleibendes Gehölz. Wuchshöhe, Blütenfarbe und Blütezeit sind sortenabhängig.

Diese Hybriden bevorzugen halbschattige Standorte. Auf kalkhaltigen Böden gedeihen diese Pflanzen nicht. Man muß daher auf saures Erdreich achten, das humos sein soll. Wie schon bei den *Rhododendron-Impeditum-Hybriden* beschrieben, muß auch bei den immergrünen *R.-Repens-Hybriden* auf eine ausreichende Wasserversorgung im Winter geachtet werden.

'Baden-Baden' erreicht eine Höhe von bis zu 100 cm und wächst viel breiter als hoch. Die attraktiven, scharlachroten, glockenförmigen Blüten öffnen sich im April. Diese sehr wertvolle Liebhaberpflanze verträgt auch sonnige Plätze.

'Elisabeth Hobbie' ist eine flachwachsende Spitzensorte mit einer Wuchshöhe von bis zu 80 cm. Die schöne Liebhaberpflanze entwickelt dunkelscharlachrote Blüten.

'Gertrud Schäle' kann bis zu 100 cm hoch werden. Die glockigen, scharlachroten Blüten öffnen sich im April. Diese Sorte braucht einen Winterschutz.

'Scarlet Wonder' wächst bis zu 70 cm hoch. Die ebenfalls scharlachroten Blüten öffnen sich früh, im April oder Mai. Diese Varietät blüht sehr reich. Weitere empfehlenswerte Sorten sind zum Beispiel 'Juwel' und 'Frühlingszauber'. Über das umfangreiche Angebot informiert man sich beim Fachhändler.

Salix lanata
Wollweide

Dieses Gehölz ist in Nordeuropa und Nordasien beheimatet. Man behauptet, daß es die schönste Zwergweide überhaupt sei.

Salix lanata erreicht eine Höhe von bis zu 80 cm. Die Blätter werden 3–7 cm lang und haben eine elliptische Form. Besonders zierend sind die gelblichen, seidigen Kätzchen, die ab Mai erscheinen. Der Strauch ist anspruchslos, jedoch nicht für extreme Trockenlagen geeignet. Er ist eine Bienenpflanze und ein Vogelschutzgehölz.

Eine Vermehrung ist durch Stecklinge im Juni möglich.

Salix repens ssp. rosmarinifolia, Kriechweide

Salix x simulatrix, Zwergweide

Salix repens
Kriechweide

Die Kriechweide und ihre Unterarten stammen aus den verschiedensten Gegenden. *Salix repens* ssp. *argentea* ist an den Atlantikküsten Europas, *S. repens* ssp. *repens* in Nord-, West- und Mitteleuropa und *S. repens* ssp. *rosmarinifolia* in Mittel- und Osteuropa bis Belgien und Schweden beheimatet. Bei allen handelt es sich um Gehölze, die 100 cm und noch etwas höher werden können. Eine Vermehrung ist durch Junistecklinge möglich. *S. repens* ssp. *argentea*, die Silberkriechweide, wird bis zu 100 cm hoch. Die Blätter sind länglich und seidig behaart, die Blütenkätzchen erscheinen zahlreich vor dem Austrieb. Das anspruchslose Gehölz wächst auf sandigen, trockenen Böden an sonnigen Plätzen. Es gedeiht aber auch in sehr magerem Erdreich zufriedenstellend. Der Strauch ist eine Bienenweide.
S. repens ssp. *rosmarinifolia* ist schwachwüchsig. Die Blätter werden 2–5 cm lang, die Blütenkätzchen sind recht unscheinbar. Die anspruchslose Pflanze wächst auf normalem, feuchtem Gartenboden, der auch mager sein kann. Sie liebt einen sonnigen Standort.

Salix x simulatrix
Zwergweide

Diese Weidenart kommt gelegentlich in der Schweiz wild vor. Das kriechende Gehölz kann eine Höhe von bis zu 75 cm erreichen. Die fast kreisrunden, kleinen Blätter entwickeln sich aus großen Winterknospen. Die Blütenkätzchen erscheinen nach dem Laub. Das anspruchslose Gehölz bevorzugt sonnige Plätze in normalem Gartenboden. Eine Vermehrung ist, wie bei der zuvor genannten Art, durch Junistecklinge möglich.

Nadelgehölze

Abies balsamea 'Nana'
Balsamtanne

Die Sorte 'Nana' ist eine Zwergform von *Abies balsamea*. Die Art stammt aus Nordamerika.
'Nana' wächst dicht und sehr langsam und ist daher für Steingärten sehr geeignet. Im Alter (nach einigen Jahrzehnten) kann die halbkugelige, hübsche Pflanze durchaus bis zu 100 cm hoch geworden sein. Sie wird mit ihren ausgebreiteten Ästen immer breiter als hoch. Die Nadeln sind dunkelgrün gefärbt und können etwas aromatisch duften.
Das Gehölz bevorzugt tiefgründige, feuchte Böden, die jedoch durchlässig sein müssen. Es ist trockenheits- sowie hitzeempfindlich und liebt keine hohen Salzkonzentrationen im Erdreich.

Chamaecyparis pisifera 'Nana'
Zwergsawara-Scheinzypresse

Die Art stammt aus Japan. Für Steingärten eignen sich einige Zwergformen, zum Beispiel die Sorte 'Nana'. Die kleine, flachkugelige Pflanze besitzt sehr hübsche, blaugrün gefärbte Nadeln. Das anspruchslose, pflegeleichte Gehölz kommt mit normalem Gartenboden gut zurecht. Vermehrt wird durch Stecklinge im Herbst.

Juniperus communis
Wacholder, Gemeiner Wacholder

Diese Wacholderart ist in unter anderem in Europa, Nordasien, Nordafrika und Nordamerika weit verbreitet. In der Lüneburger Heide prägt der bis zu 15 m hoch werdende Baum zusammen

NADELGEHÖLZE

Abies balsamea 'Nana', Balsamtanne

Chamaecyparis pisifera 'Nana', Zwergsawara-Scheinzypresse

mit Birken und Kiefern die Landschaft. Die anspruchlose Pflanze ist von großer Bedeutung, weil sie auch sehr trockene Standorte besiedelt. Für Steingärten sind kleinbleibende Formen beliebt, von denen hier die Rede sein soll:

'Hibernica', Irischer Säulenwacholder oder auch nur Säulenwacholder genannt, erfreut sich in den Gärten großer Beliebtheit. Die Sorte kann im Alter eine Höhe von 300–500 cm erreichen und ist daher nur für größere Anlagen zu empfehlen. Sie wächst aufrecht in Säulen- oder Kegelform. Die Nadeln sind bläulichgrün gefärbt. Das pflegeleichte Gehölz verträgt kalkhaltiges Erdreich in sonnigen und halbschattigen Lagen. Besondere Bodenansprüche werden nicht gestellt. Die Pflanze kommt mit mäßig trockener bis feuchter Gartenerde gut zurecht.

'Hornibrookii', der Irländische Kriechwacholder oder Teppichwacholder, wächst niederliegend. Die Äste kriechen an der Bodenoberfläche entlang, die Zweigspitzen steigen leicht an. Eine Höhe von 40 cm kann erreicht werden, im Alter auch mehr. Die Wuchsbreite beträgt bis zu 150 cm, im Alter bis zu 300 cm, daher muß für genügend Platz gesorgt werden. Die schönen, hellgrünen Nadeln verfärben sich im Winter etwas bräunlich.

Die Sorte liebt sonnige bis halbschattige Plätze. Kalkhaltiges Erdreich wird gut vertragen. Besondere Bodenansprüche bestehen nicht. Innerstädtisches Klima und Immissionen machen dem Gehölz wenig aus.

'Repanda' ist eine der wichtigsten Zwergformen. Diese langsam wachsende Sorte kann im Alter bis zu 50 cm hoch und 200 cm breit werden. Genügend Platz muß also vorhanden sein. Die dunkelgrünen Nadeln sind silbrig gestreift. Die anspruchslose Pflanze stellt ähnliche Kulturansprüche wie die Sorte 'Hornibrookii'. Sie wird gerne als Bodendecker verwendet. Es gibt noch einige andere Varietäten. Über das Angebot informiert der Fachhändler.

Alle besprochenen Sorten werden üblicherweise durch Stecklinge von Juli bis September vermehrt.

Juniperus communis 'Repanda', Zwergwacholder

DAS PFLANZENBREVIER

Juniperus sabina 'Tamariscifolia', Tamariskenwacholder

Picea abies 'Echiniformis', Igelfichte

Picea abies 'Little Gem', Kissenfichte

Juniperus sabina
Sadebaum

Juniperus sabina ist unter anderem in den europäischen Gebirgen, in Südostrußland, Westsibirien und Kleinasien beheimatet. Für Steingärten sind niedrige und flach wachsende Sorten von Bedeutung. Diese sollen hier auch besprochen werden.
'Mas', der Männliche Sadebaum, kann im Alter bis zu 150 cm Wuchshöhe erreichen und etwas breiter werden. Die schön gefärbten, bläulichgrünen Nadeln bekommen im Winter einen bronze- bis rotbraunen Ton. Das anspruchslose Gehölz gedeiht auf durchlässigen, humosen Böden und ist kalkverträglich. Ein sonniger bis halbschattiger Standort wird bevorzugt. Die Sorte 'Mas' kann in Einzelstellung oder als Gruppenpflanzung verwendet werden. Eine Vermehrung ist durch Stecklinge im Sommer möglich. Der Männliche Sadebaum ist giftig – auch seine Früchte.
Die zweite Sorte, die hier genannt werden soll, heißt 'Tamariscifolia', der Tamariskenwacholder. Sie ist die beliebteste Varietät des Sadebaums. Das hübsche Nadelgehölz erreicht eine Höhe von bis zu 50 cm, kann im Alter auch größer werden. Die Breite übersteigt die Höhe bis zum Dreifachen. Die bläulichgrünen bis grauen Nadeln behalten ihre Farbe auch im Winter. Durchlässige, humose, auch kalkhaltige Böden und ein sonniger bis halbschattiger Standort werden bevorzugt. Die Sorte besitzt eine hohe Widerstandsfähigkeit gegen innerstädtisches Klima und verträgt auch Trockenheit und Hitze. Vermehrt wird durch Stecklinge im Juli und August. Die Pflanze ist in allen Teilen giftig.

Picea abies
Gemeine Fichte, Rotfichte

Picea abies ist in Europa weit verbreitet. Für Steingärten sind verschiedene Zwergformen interessant. In der Literatur findet man die Art auch unter dem alten botanischen Namen *P. excelsa.*
Die Gartenformen, die nachfolgend beschrieben werden, brauchen einen feucht-frischen Gartenboden mit ausreichendem Nährstoffgehalt. Schwach saures bis schwach alkalisches Erdreich ist geeignet. Kalk wird vertragen, innerstädtisches und trockenes Klima allerdings nicht besonders gut. Die Pflanzen bevorzugen sonnige bis halbschattige Plätze.
'Echiniformis', die Igelfichte, kann im Alter bis zu 50 cm hoch und bis zu 100 cm breit werden. Allerdings bleiben die meisten Exemplare unter dieser Wuchshöhe. Die Sorte wächst langsam und bildet eine schöne kugelige bis breitkugelige Form. Die Nadeln sind gelbgrün bis graugrün gefärbt. Das Gehölz eignet sich für die Pflanzung in Trögen.
'Nidiformis', die Nestfichte, wächst mit einer nestförmigen Vertiefung in der Pflanzenmitte. Diese Sorte wird in der Regel bis zu 60 cm hoch und 150 cm breit. Selten erreicht sie eine Wuchshöhe von 100 cm.
'Little Gem', Kissenfichte, Zwergform der Nestfichte oder auch Zwergfichte Little Gem genannt, wächst kugelförmig mit einer nestartigen Vertiefung in der Mitte. Die Pflanze kann im Alter 30 cm hoch und bis zu 100 cm breit werden. Sie ist für eine Trogpflanzung geeignet.
'Maxwellii', die Maxwell-Fichte, wächst rundlich und kissenförmig. Sie erreicht eine Höhe von bis zu 100 cm.
'Pumila Glauca' überschreitet auch im Alter die Höhe von 100 cm nur selten.
'Pygmaea', die Gnomenfichte, ist eine

NADELGEHÖLZE

Picea glauca 'Laurin', Schimmelfichte

Pinus mugo ssp. pumilio, Bergholzkiefer

der ältesten und bekanntesten Zwergsorten. Die Pflanze entwickelt eine kugelige bis breit-kegelförmige Gestalt und kann im Alter 100 cm hoch und ebenso breit werden, was aber selten vorkommt.
'Wills Zwerg', eine kegelförmige Zwergsorte, kann im Alter eine Höhe von bis zu 200 cm erreichen.
Es gibt noch eine ganze Reihe anderer Sorten. Auskunft erhält man beim Fachhändler.

Picea glauca
Schimmelfichte, Weißfichte

Diese *Picea*-Art ist unter anderem im östlichen Teil der USA und Kanadas weit verbreitet. Für Steingärten sind die Zwergformen interessant.
Die bekannte Sorte 'Conica', die Zuckerhutfichte, wird häufig in unseren Gärten kultiviert. Die kegel- beziehungsweise zuckerhutähnliche Form gab ihr den Namen. Alte Pflanzen können eine Höhe von 300–400 cm erreichen. Die Nadeln sind fein und im Austrieb hellgrün, später dunkelgrün mit einem bläulichen Schimmer. Das Gehölz bevorzugt sonnige bis halbschattige Lagen und durchlässige, nicht zu trockene Böden. Es verträgt Kalk, weniger jedoch Salz in der Erde.
'Laurin', ein wirklicher Zwerg, entstand aus der Sorte 'Conica'. Sie ist schwachwüchsiger, besitzt aber die gleiche Wuchsform wie ihr Elter. 'Laurin' eignet sich gut für eine Pflanzung im Trog. Ihre Pflege- und Kulturansprüche gleichen denen von 'Conica'.

Pinus mugo
Bergholzkiefer, Krummholzkiefer

Von *Pinus mugo* sind für Steingärten nur die Zwergformen und die beiden Unterarten *P. mugo* ssp. *mugo* und *P. mugo* ssp. *pumilio* interessant.
'Gnom', die Zwergkiefer, wächst kugelig bis kegelförmig und dicht. Die Sorte erreicht eine Höhe von bis zu 80 cm, im Alter kann sie auch höher werden. Die schönen, dunkelgrünen Nadeln stehen dicht gedrängt. Sonnige bis halbschattige Plätze werden bevorzugt. Im Schatten sollte das Gehölz nicht stehen. Es besitzt keine besonderen Bodenansprüche und verträgt Kalk.
'Mops' ist eine sehr schwachwüchsige Sorte mit kugeligem bis kissenförmigem Habitus. Das Gehölz wird bis zu 40 cm hoch und 60 cm breit, im Alter kann es 80 cm Höhe und 140 cm Breite erreichen. Boden- und Standortansprüche gleichen denen der Sorte 'Gnom'. Es gibt noch eine Reihe weiterer Sorten. Über das Angebot informiert der Fachhändler.
P. mugo ssp. *mugo* wird bis zu 100 cm hoch, im Alter auch bis zu 300 cm. Das Gehölz wächst flach und breitbuschig. Es möchte einen sonnigen Standort und humoses Erdreich. Kalk wird vertragen, Salz dagegen weniger.
P. mugo ssp. *pumilio* erreicht eine Breite von bis zu 150 cm und eine Wuchshöhe von 100 cm – selten mehr. Die hübsche Pflanze wächst kugelig, flach oder kissenförmig über der Erdoberfläche. Sie bevorzugt sonnige Plätze und humose Böden. Kalkhaltiges, aber auch saures Erdreich wird vertragen.

Pinus strobus 'Nana', Zwergweymouthskiefer

Taxus baccata 'Repandens', Tafeleibe

Taxus cuspidata 'Nana', Zwergeibe

Pinus strobus 'Nana'
Zwergweymouthskiefer

Die Sorte 'Nana' ist eine Auslese der Art *Pinus strobus*. Sie erreicht eine Höhe und Breite von 150 cm, im Alter auch mehr. Die grünen bis bläulichgrünen Nadeln werden etwa 9 cm lang und stehen immer aufrecht.

Das wertvolle Gehölz bevorzugt gut versorgte, durchlässige, nicht zu trockene Böden in sonniger, auch halbschattiger Lage. Es ist empfindlich gegenüber Hitze und Trockenheit.

Taxus baccata 'Repandens'
Tafeleibe,
Eibe Repandens

'Repandens', eine Form von *Taxus baccata*, wird bis zu 60 cm hoch, im Alter auch höher, und bis zu 200–500 cm breit (!). Bei der Pflanzung muß daher für genügend Ausbreitungsmöglichkeiten gesorgt werden. Die dunkelgrünen Nadeln sind sichelförmig gebogen. Die Pflanze wächst an sonnigen bis halbschattigen Plätzen, aber auch noch im Schatten. Normaler Gartenboden mit eher höherem pH-Wert wird bevorzugt. Wie alle anderen Eiben verträgt auch diese Sorte einen Rückschnitt sehr gut. Das Gehölz ist giftig. Eine Vermehrung durch Stecklinge im August oder September ist möglich.

Taxus cuspidata 'Nana'
Zwergeibe

Die Form 'Nana', Zwergeibe oder Zwergform der Japanischen Eibe, stammt von *Taxus cuspidata* ab. Die Sorte ist in Japan beheimatet und wurde vor über 100 Jahren in Holland eingeführt.

Der bis zu 300 cm breit ausladende Strauch kann eine Höhe von 100 cm erreichen, im Alter auch mehr. Er wächst sehr langsam. Die Nadeln sind stumpfgrün und bis 3 cm lang. Die hübsche Sorte verträgt sonnige, halbschattige und schattige Plätze. Der Boden sollte humos und durchlässig sein. Kalk wird vertragen.

Das Gehölz ist in allen Teilen giftig. Eine Vermehrung ist – mit nicht immer sicherem Ausgang – durch Stecklinge im August möglich.

Stauden

Adonis vernalis
Adonisröschen

Das schöne Adonisröschen ist unter anderem in Ost-, Mittel- und Südeuropa, im Kaukasus und in Westsibirien beheimatet.

Adonis vernalis erreicht eine Höhe von bis zu 25 cm. Die großen, gelben Blüten entfalten ihre schlichte Pracht im April bis Mai. Sie sitzen auf kurzen Stielen und harmonieren sehr gut mit dem feinen, zierlichen Laub.

Diese kleinen Perlen des Steingartens lieben sonnige Plätze auf kalkhaltigen, sandigen, durchlässigen und warmen Böden. Sie wollen ungestört an ihrem Standort wachsen. Eine Vermehrung ist durch Aussaat direkt nach der Samenreife möglich. Der Erfolg ist unterschiedlich groß.

A. vernalis ist giftig.

Alyssum saxatile
Steinkraut

Die Art stammt aus Mittel- und Südosteuropa sowie aus Kleinasien. Bei uns werden einige Sorten kultiviert.

Das bekannte Steinkraut erreicht eine Höhe von bis zu 35 cm und verholzt am Grund. Die kleinen Blüten erscheinen von April bis Mai und überziehen Felsen, Mauern und den Boden mit einem prächtigen, gelben Teppich.

Die für Steingärten vorzüglich geeigneten Pflanzen lieben sonnige Plätze in durchlässigen Böden. Auch mit magerem Erdreich sind sie zufrieden. Eine Pflanzung auf Mauerkronen oder in Mauerritzen ist möglich. Diese problemlose und pflegeleichte Staude eignet sich besonders für den Anfänger. Vermehrt wird durch Grünstecklinge nach der Blüte oder durch Aussaat.

STAUDEN

Einige Sorten sollen an dieser Stelle genannt werden: Die sehr bekannte und geschätzte Sorte 'Citrinum', auch Schwefelsteinrich oder Felsensteinkraut genannt, blüht zitronengelb bis hellschwefelgelb. Sie erreicht eine Höhe von bis zu 30 cm.
'Compactum' bleibt mit 20 cm Wuchshöhe etwas kleiner und entwickelt leuchtendgelbe Blüten.
'Plenum' blüht dunkelgoldgelb und dicht gefüllt.

Androsace sarmentosa
Mannsschild

Androsace sarmentosa stammt aus dem Himalaya und aus Westchina. Die bis zu 10 cm hoch wachsende Pflanze schmückt sich von Mai bis Juli mit zahlreichen kleinen, rosa Blüten. Die hübsche Staude bildet oberirdische Ausläufer.
A. sarmentosa ist für eine Steingartenpflanzung bestens geeignet. Das Gewächs liebt Sonne bis Halbschatten und durchlässigen, lockeren Boden. Auf solchen Standorten gedeiht es prächtig und ausdauernd. Eine Pflanzung auf der Mauerkrone ist möglich. Vermehrt wird durch Aussaat direkt nach der Samenreife oder durch Teilung im Frühjahr.

Androsace sempervivoides
Mannsschild

Diese wertvolle Staude erreicht nur eine Höhe von 8–10 cm. Sie bildet oberirdische Ausläufer. Die kleinen, rosaroten Blüten öffnen sich im Mai/Juni und verwandeln das hübsche Gewächs in einen wunderschönen Teppich.
Die anspruchslose Pflanze liebt einen sonnigen bis halbschattigen Platz in lockerem, durchlässigem Boden. Vermehrt wird durch Teilung nach der Blüte.

Alyssum saxatile 'Plenum', Steinkraut

Adonis vernalis, Adonisröschen

Androsace sarmentosa, Mannsschild

Antennaria dioica
Katzenpfötchen

Das kleine Katzenpfötchen bildet bis zu 15 cm hohe, niedliche Polster. Die ovalen Blätter sind unterseits silbergrau behaart. Von Mai bis Juli öffnen sich zahlreiche rosafarbene Blütchen. Die Sorte 'Rubra', die oft angeboten wird, entwickelt schöne, dunkelrosa bis dunkelrote Blumen. Die sehr wertvolle Wildstaude bildet oberirdische Ausläufer und kann schnell größere Flächen bedecken.

Die Pflanze stellt relativ wenige Ansprüche. Mit einem sonnigen Standort in durchlässiger, mehr oder weniger nährstoffreicher Gartenerde ist sie zufrieden. Vermehrt wird durch Teilung im Frühjahr.

Im Handel wird auch *A. tomentosa* angeboten. Die Botaniker stellen diese Art jetzt zu *A. dioica*.

Aquilegia
Akelei

Einige Arten der Gattung *Aquilegia* kommen für eine Steingartenpflanzung in Frage. Die wunderschöne Alpenakelei, *A. alpina*, stammt aus den Alpen. Sie wird wenig angeboten und ist in Gartenkultur zudem sehr schwierig. Manchmal gibt es Sorten dieser Art zu kaufen. Dabei kann es sich auch um Kreuzungen mit *A. vulgaris* handeln, die nachfolgend beschrieben werden.

Verschiedene Auslesen der reizenden *A. vulgaris*, die giftig ist, findet man häufig in vielen Gärtnereien. Die Pflanzen werden bis zu 50 cm hoch und entwickeln im Mai/Juni die bekannten, grazilen Akeleiblüten in verschiedenen Farben.

Empfehlenswert ist auch die Art *A. discolor*. Diese hübsche Zwergstaude erreicht eine Höhe von 15 cm. Die weißblauen Blüten erscheinen im Mai.

Antennaria dioica, Katzenpfötchen

Aquilegia alpina, Alpenakelei

Andere Arten sind *A. einseleana* und *A. longissima*.

Die Akelei liebt einen halbschattigen bis sonnigen Standort. *A. discolor* steht lieber sonnig. Der Gartenboden sollte durchlässig sein, aber stets genügend Feuchtigkeit enthalten. Eine Vermehrung ist durch Aussaat im Frühjahr möglich.

Arabis caucasica
Gänsekresse

Die hübsche Gänsekresse ist in den mediterranen Gebirgen bis zum Kaukasus beheimatet. Es werden einige Sorten kultiviert, die verschiedene Wuchsformen und unterschiedliche Blütenfarben aufweisen.

Die 10–25 cm hoch wachsenden Polster öffnen schon im März/April ihre hübschen Blüten. Die Blütenfarbe Weiß herrscht vor, manche Sorten blühen jedoch andersfarbig, zum Beispiel Karminrosa. Einige entwickeln gefüllte Blüten, andere nur einfache. Empfehlenswerte Sorten sind 'Schneehaube', 'Plena' und 'Polarfuchs'.

Arabis caucasica, Gänsekresse

Armeria maritima 'Düsseldorfer Stolz', Grasnelke

STAUDEN

Asphodeline lutea, Junkerlilie

Aster alpinus, Alpenaster

Asphodeline lutea
Junkerlilie

Die Junkerlilie stammt aus dem Mittelmeergebiet. Sie erreicht eine Höhe von bis zu 120 cm. Die aufrecht wachsende, wertvolle Wildstaude entwickelt sehr hübsche, gelbe Blütentrauben, die von Mai bis Juni erscheinen. Nach der Blüte bilden sich schöne Fruchtstände.

Die Junkerlilie liebt sonnige Plätze in durchlässigen, nährstoffreichen Böden. Sie verlangt einen Winterschutz.

Aster alpinus
Alpenaster, Frühlingsaster

Die Alpenaster ist in den europäischen Gebirgen, im Iran, in West- und Mittelasien, Sibirien und Nordwestamerika beheimatet. Es werden verschiedene Gartenformen kultiviert, die in Wuchshöhe und Blütenfarbe variieren.

Die je nach Sorte bis zu 30 cm hoch werdende Pflanze wächst gedrungen. Sie öffnet schon im Mai/Juni ihre Blüten, die zahlreiche Bienen und auch andere Insekten anlocken. Die Farbskala reicht von Weiß über Rosa zu Violett. Es gibt gefüllte und ungefüllte Sorten. Die Frühlingsastern lieben sonnige Plätze in durchlässigen, sandigen Humusböden. Für eine regelmäßige Zufuhr von Humus sind sie dankbar. Die hübschen Stauden stehen nicht gerne zu trocken. Eine Pflanzung auf der Mauerkrone ist möglich.

Vermehrt wird durch Teilung.

Einige empfehlenswerte Sorten sollen an dieser Stelle genannt werden: 'Albus' blüht reinweiß und erreicht eine Höhe von 30 cm. 'Dunkle Schöne' entwickelt herrliche, dunkelviolette Blüten und wird bis zu 30 cm hoch. 'Happy End' bleibt mit 20 cm etwas kleiner. Die Blüten sind sehr schön rosa gefärbt.

Ein sonniger Standort und durchlässige Gartenerde wird bevorzugt. Die Pflanzen eignen sich auch für Mauerkronen und Mauerritzen. Die Gänsekresse ist pflegeleicht und dem Steingartenanfänger zu empfehlen. Eine Vermehrung ist durch eine Teilung nach der Blüte möglich.

Arenaria montana
Sandkraut

Das zierliche Sandkraut stammt aus Südwesteuropa.

Die kaum 10 cm hoch werdenden Pflanzen wachsen polsterartig. Im Mai und Juni überziehen hübsche, weiße Blütenschälchen die Gewächse.

An sonnigen Plätzen in durchlässigem, nicht übermäßig nährstoffreichem Boden fühlt sich das Sandkraut wohl. Es liebt kalkhaltigen Boden. Ein Feuchteschutz im Winter wird empfohlen.

Auf Mauerkronen gedeiht die kleine Staude gut. Vermehrt wird es durch Teilung oder Aussaat.

Armeria maritima
Grasnelke, Strandgrasnelke

Von dieser Art gibt es verschiedene Unterarten, die meist in Europa und Rußland verbreitet sind. Einige Gartenformen in unterschiedlichen Blütenfarben gibt es im Fachhandel.

Die genügsamen Pflanzen bilden schöne, rundliche Polster, die bis zu 25 cm Wuchshöhe erreichen können. Die Blüten erscheinen sortenabhängig von Juni bis September und stehen auf unbeblätterten Stielen. Je nach Form variieren ihre Farben von Weiß bis Rot. Die Sorte 'Alba' öffnet von Mai bis Juni ihre weißen Blüten, 'Rosea Compacta' blüht karminrosa, 'Düsseldorfer Stolz' leuchtend rot. Es gibt noch andere empfehlenswerte Gartenformen.

Die Gewächse bevorzugen Standorte in der Sonne. Sie gedeihen in durchlässigem Gartenboden. Eine Pflanzung auf der Mauerkrone ist möglich.

Vermehrt werden diese Stauden durch Teilung im August/September. Auch eine Aussaat ist möglich.

DAS PFLANZENBREVIER

Aster dumosus 'Herbstgruß vom Bresserhof', Kissenaster

Campanula portenschlagiana 'Birch Hybrid', Zwergglockenblume

Aubrieta-Hybride 'Blue Emperor', Blaukissen

Aster dumosus
Kissenaster, Herbstkissenaster

Die Art stammt aus Nordamerika. In unseren Gärten werden meist nur *Aster-Dumosus-Hybriden* kultiviert.
Die niedrigen Formen erreichen eine Höhe von bis zu 25 cm, die hohen 40 bis 50 cm. Die kompakt wachsenden Pflanzen blühen sehr üppig in den unterschiedlichsten Farben von Weiß über Rot bis Blauviolett. Die Blütezeit liegt zwischen August und Oktober; das macht die Gewächse für den Steingarten besonders interessant, weil zu dieser Zeit der Flor schon sehr rar geworden ist. Zudem locken die hübschen Blüten zahlreiche Bienen an.
Die Herbstkissenaster liebt sonnige Plätze und humose, gute Gartenböden. Trockenheit wird weniger vertragen. Nach einigen Jahren (etwa alle drei Jahre) sollte man flächig wachsende Bestände im Frühjahr lichten und den Boden mit organischem Material anreichern.
Vermehrt wird durch Teilung im März/April.
Für kleine Anlagen sind die oft nur 15 cm hohen Sorten 'Herbstpurzel' und 'Nesthäkchen' zu empfehlen. 'Kassel' wird größer und blüht sehr früh halbgefüllt und karminrot. 'Schneekissen' entwickelt reinweiße Blüten und erreicht eine Höhe von 30 cm. 'Herbstgruß vom Bresserhof' bildet violettrosa Blumen und gehört mit 50 cm Höhe zu den wüchsigeren Sorten.

Aubrieta-Hybriden
Blaukissen

Diese Gruppe wird auch oft mit dem botanischen Namen *Aubrieta* x *cultorum* bezeichnet. Es werden eine ganze Anzahl verschiedener, sehr empfehlenswerter Gartenformen kultiviert, die in den unterschiedlichsten Farben blühen.
Die für den Steingarten unentbehrlichen Pflanzen erreichen eine Höhe zwischen 5 und 10 cm. Durch ihren kriechenden Wuchs und die reiche Ausläuferbildung überziehen sie schnell Felsen und Mauern. Im April/Mai schmükken sich die Polstergewächse mit zahlreichen kleinen Blüten in den verschiedensten Blau- und Rottönen und bedecken Boden und Steine mit einem farbigen Teppich. Bienen tummeln sich gerne hier.
Warme, durchlässige, kalkhaltige und nicht zu magere Böden sind notwendig – genauso wie ein Platz in der Sonne. Für eine Pflanzung auf Mauerkronen und in Mauerritzen ist das Blaukissen geeignet. Nach der Blüte sollte man die Gewächse zurückschneiden beziehungsweise auslichten. Das fördert die Blühwilligkeit. Wer seine ersten Erfahrungen im Steingarten sammelt, der sollte *Aubrieta* nicht vergessen. Sie gehört zu den problemlosesten Polsterstauden überhaupt.
Die Teilung alter, großflächiger Polster ist schwierig und der Anwachserfolg unter Umständen gering. Einfacher und problemloser ist der Zukauf junger, wüchsiger Pflanzen.
Schöne, empfehlenswerte Sorten sind zum Beispiel die blauviolette 'Blue Emperor', die tiefrote 'Red Carpet', die lavendelblaue 'Neuling' und die karminrote 'Rotkäppchen' (es gibt aber noch andere Gartenformen). Über das reichhaltige Angebot informiert der Fachhändler.

STAUDEN

Campanula carpatica, Karpatenglockenblume

Campanula carpatica
Karpatenglockenblume

Glockenblumen mit ihren überaus zauberhaften, glockenähnlichen Blüten dürfen eigentlich in keinem Steingarten fehlen. Bei uns werden zahlreiche Gartenformen kultiviert, die in Wuchshöhe und Blütenfarbe variieren.
Die dichtbuschig wachsende Karpatenglockenblume kann – je nach Sorte – eine Höhe von 15–40 cm erreichen. Wunderschön sind die kleinen Glockenblüten, die der Pflanze ihren Namen gaben. Die Farbskala reicht von Weiß über Blau bis zu Violett. Die Blütezeit erstreckt sich von Juni bis August.
Der Standort sollte sonnig bis halbschattig sein. Frische, humose, durchlässige Böden sind zu empfehlen. *Campanula carpatica* kann man auf Mauerkronen setzen.
Die hübschen Pflanzen werden leider sehr gerne von Schnecken zerfressen. Rost kann als Krankheit auftreten. Vermehrt wird durch Stecklinge nach der Blüte. Die Sorten 'Blaue Clips' und 'Weiße Clips' werden ausgesät.
Die Form 'Blaue Clips' blüht himmelblau und erreicht eine Wuchshöhe von bis zu 20 cm. 'Karl Foerster' entwickelt tiefblaue Blüten. 'Weiße Clips' ist eine weiße Sorte, die 20 cm hoch wird. 'Kobaltglocke' blüht dunkelviolett und wird 40 cm hoch. Es gibt noch eine ganze Anzahl weiterer empfehlenswerter Gartenformen, über die der Fachhändler Auskunft erteilt.

Campanula portenschlagiana
Zwergglockenblume

Die Zwergglockenblume ist ebenfalls eine wertvolle Pflanze für Steingärten. Die Art stammt aus Dalmatien, sie heißt deshalb auch Dalmatiner Glockenblume. Bei uns werden verschiedene Gartenformen angeboten.
Die hübschen Stauden bleiben mit einer Wuchshöhe von bis zu 15 cm kleiner als die vorher genannte Art. Durch ihre lange Blütezeit ist die Pflanze für den Steingarten besonders wertvoll. Hauptsächlich blühen die Gewächse zwischen Juni und August, der Nachflor kann aber bis September dauern.
Campanula portenschlagiana gedeiht in sonnigen bis halbschattigen Lagen, aber auch mit absonnigen Plätzen ist sie noch zufrieden. Das Erdreich sollte durchlässig und sandig-lehmig sein. Zu trockene Böden eignen sich weniger. Magere Erde verträgt die Pflanze noch. Man kann die Zwergglockenblume gut auf Mauerkronen setzen.
Leider lieben Schnecken die schönen Gewächse genauso wie wir – nur, daß sie ihre Zuneigung durch Kahlfraß äußern. Auf diese Schädlinge muß man daher immer ein Auge haben.
'Birch Hybrid' ist eine sehr wüchsige, großblütige Hybride. 'Major' erreicht 15 cm Wuchshöhe und entwickelt purpurblaue Blüten. 'B. Prövis' bleibt mit 6–8 cm sehr klein. Die hellviolette Sorte eignet sich gut für eine Trogpflanzung.

DAS PFLANZENBREVIER

Carlina acaulis
Silberdistel, Eberwurz

Die wunderschöne Silberdistel ist unter anderem in Mittel- und Südeuropa weit verbreitet. Die Pflanze steht unter Naturschutz.
Die kleine Staude erreicht nur eine Höhe von 15 cm. Die Blattrosetten liegen auf dem Boden. Die silbriggrauen, großen, eindrucksvollen Blütenköpfe stehen einzeln und können eine Breite von 15 cm erreichen. Die Blütezeit dauert von Juli bis September.
Volle Sonne und durchlässige, trockene und kalkhaltige Lehmböden sind für ein gutes Gedeihen wichtig. Verdichtetes oder gar vernäßtes Erdreich ist völlig ungeeignet – wie für die meisten Steingartengewächse.
Vermehrt wird durch Aussaat in den Monaten November bis Januar, da es sich bei diesen Pflanzen um Frostkeimer handelt.

Cerastium tomentosum
Hornkraut

Dieses in Süditalien beheimatete Gewächs findet man oft unter dem botanischen Namen *Cerastium columnae*. Das grazile Hornkraut erreicht eine Höhe von bis zu 15 cm. Die kleinen Polster wachsen großflächig und werden als Bodendecker geschätzt. Von Mai bis Juni öffnen sich die schönen, weißen Blüten, die die Pflanze überreich bedecken.
Die Staude liebt durchlässige Böden in voller Sonne. Auch auf Mauerkronen und in Mauerritzen gedeiht sie gut.
Durch eine Teilung der Pflanze nach der Blüte kann *C. tomentosum* vermehrt werden. Auch Aussaat und Stecklingsvermehrung sind möglich.

Ceratostigma plumbaginoides
Bleiwurz

Dieses schöne Gewächs stammt aus Westchina und ist heute in Nordwestfrankreich und Nordwestitalien eingebürgert.
Die Bleiwurz erreicht eine Höhe von 15–20 cm. Sie bildet unterirdische Ausläufer. Die grünen Blätter verfärben sich im Herbst rotbraun beziehungsweise bronzefarben, die wunderbaren, enzianblauen Blüten öffnen sich von August bis Oktober. Diese späte Blütezeit macht die Pflanzen für den Steingarten besonders interessant.
Ein sonniger bis halbschattiger Standort und warme, durchlässige, kalkhaltige Böden, die auch etwas magerer sein können, eignen sich für die hübsche Staude. In rauhen Gegenden ist ein Winterschutz notwendig. Vermehrt wird durch Teilung im Februar/März.

Dianthus deltoides
Heidenelke

Dianthus deltoides stammt aus Europa und den gemäßigten Zonen Asiens. In den USA ist die Pflanze eingebürgert. Bei uns werden einige Sorten in unterschiedlichen Blütenfarben kultiviert.
Die hübsche Pflanze erreicht eine Höhe von 10–15 cm. Die Blüten entfalten von Juni bis August ihre schlichte Eleganz. Durch die lange Blütezeit und die Reichblütigkeit ist sie besonders wertvoll.
Die Heidenelke liebt sonnige Plätze in kieselhaltigen, durchlässigen und warmen Böden. Vermehrt wird durch Aussaat im späten Frühjahr.
Einige empfehlenswerte Sorten sollen an dieser Stelle kurz genannt werden: 'Albus' ist eine sehr schöne, weißblühende Sorte. 'Brillant' blüht dunkelrot, 'Splendens' karminrot.

Carlina acaulis, Silberdistel

Cerastium tomentosum, Hornkraut

Dianthus gratianopolitanus
Pfingstnelke

Die Pfingstnelke ist unter anderem in West- und Mitteleuropa beheimatet. Sie wird oft noch unter ihrem alten botanischen Namen *Dianthus caesius* geführt. Bei uns werden verschiedene Gartenformen kultiviert.
Die Wuchshöhe beträgt je nach Sorte zwischen 7 und 25 cm. Die unentbehrliche Pflanze bildet schöne, dichte Polster. Die Blüten öffnen sich sortenabhängig in der Regel von Mai bis Juni, späte Sorten blühen bis September.
Die Pfingstnelke liebt sonnige Standorte in durchlässigen, sandig-lehmigen

Ceratostigma plumbaginoides, Bleiwurz

Dianthus gratianopolitanus, Pfingstnelke

Dianthus deltoides, Heidenelke

Draba bruniifolia, Hungerblümchen

Doronicum orientale
Gemswurz

Die aus Ungarn, Südosteuropa, Kleinasien und dem Kaukasus stammende Pflanze wird auch oft unter dem alten botanischen Namen *Doronicum caucasicum* geführt. Es gibt verschiedene Sorten.
Die bis zu 40 cm hoch werdende Gemswurz wächst buschig, der fleischige Wurzelstock kriecht über den Boden. Von April bis Mai öffnen sich die schönen, goldgelben Blüten, die an Margeriten erinnern.
Die anspruchslose Pflanze setzt man an sonnige bis halbschattige Plätze in nährstoffreiches, humos-lehmiges und frisches Erdreich. Die Gemswurz wird als Schnittstaude geschätzt. Vermehrt wird durch Teilung nach der Blüte, auch eine Aussaat im Februar/März ist möglich.
Die Sorte 'Frühlingspracht' entwickelt gefüllte, goldgelbe Blüten. Sie erreicht eine Höhe von bis zu 50 cm. 'Magnificum' ist eine besonders großblumige, einfach blühende Gartenform.

Draba bruniifolia
Hungerblümchen

Das kleine Hungerblümchen stammt aus dem Kaukasus, Kleinasien, dem Iran und Irak.
Die anspruchslose Pflanze erreicht nur eine Höhe von 5 cm und bildet moosartige Rasen. Die goldgelben Blütchen öffnen sich von April bis Mai.
Sonnige Standorte und durchlässiger, sandiger Boden sind für ein gutes Gedeihen nötig. *Draba bruniifolia* kann sowohl in Mauerritzen und auf Mauerkronen als auch im Trog und im Tuffstein gepflegt werden. Vermehrt wird durch Teilung nach der Blüte. Auch eine Aussaat im Februar und März kommt in Betracht.

Böden. Staunde Nässe verträgt sie nicht. Die Pflanzen werden durch Aussaat im Februar/März vermehrt. 'Feuerhexe' ist eine rotviolettblühende Sorte, die 15 cm hoch wird. 'Jutta' blüht halbgefüllt und rot. Dunkelrote Blüten entwickelt die Sorte 'Rubin'. Es gibt noch eine ganze Reihe anderer sehr attraktiver Gartenformen; der Fachhändler gibt Auskunft.

Dianthus plumarius
Federnelke

Dianthus plumarius stammt aus dem östlichen Mitteleuropa. Es werden verschiedene Gartenformen kultiviert. Die schöne Federnelke erreicht eine Höhe von 25–30 cm. Sie bildet kräftige, dichte Polster. Die je nach Sorte weißen, rosa oder roten Blüten erscheinen von Mai bis Juni, manchmal auch bis in den Juli hinein.
Ein Standort in der Sonne sagt den Pflanzen zu, durchlässige Gartenböden sind für ein gutes Gedeihen wichtig. Man kann Federnelken auf Mauerkronen setzen. Vermehrt wird durch eine Aussaat im Februar/März.
Empfehlenswerte Sorten sind unter anderen die rosa und gefülltblühende 'Altrosa', die weiße und gefüllte 'Diamant' und die dunkelrote 'Heidi', die auch gefüllte Blüten entwickelt.

Dryas octopetala, Silberwurz

Eryngium alpinum, Alpendistel

Eremurus stenophyllus, Steppenkerze

Dryas
Silberwurz

Dryas x *suendermannii*, eine stärker wachsende Hybride für größere Steingärten, und *D. octopetala* sollen hier besprochen werden. Letztere stammt aus der nördlichen gemäßigten Zone. Die kleinen, bis zu 10 cm hoch werdenden Pflanzen bilden großflächige Rasen. Die Triebe liegen nieder und können eine Länge von bis zu 50 cm erreichen. Die elfenbeinfarbenen Blüten, die denen der Wildrosen ähneln, erscheinen von Juni an, manchmal auch schon im Mai. Auch die Fruchtblätter mit ihren langen, fedrigen Griffeln sind sehr zierend.
Die Stauden lieben sonnige Standorte in humosen, durchlässigen Böden. Trockenes bis frisches Erdreich sagt ihnen zu. Man kann sie auf Mauerkronen setzen. *D.* x *suendermannii* eignet sich nur für größere Flächen, die die Pflanzen rasch bedecken.

Eremurus stenophyllus
Steppenkerze, Lilienschweif

Die Steppenkerze kommt unter anderem im Iran, in Afghanistan und in Pakistan vor. Man findet sie auch unter dem alten botanischen Namen *Eremurus bungei*.
Die bis zu 120 cm hoch werdende Pflanze wächst streng aufrecht. Die schönen, interessanten, reingelben Blüten erscheinen von Juni bis Juli und werden gerne von Bienen besucht.
Steppenkerzen lieben sonnige Standorte. An das Erdreich werden hohe Anforderungen gestellt. Es muß tiefgründig, locker, durchlässig und nährstoffreich sowie ab Mitte des Sommers eher trocken sein. Man kann eventuell eine Dränage aus Schotter einbauen. Ein Winterschutz ist nötig. Vermehrt wird durch Aussaat direkt nach der Samenreife. Auch Teilung soll bei sehr alten Pflanzen etwa ab August möglich sein.

Erinus alpinus
Alpenbalsam

Erinus alpinus, ein kleinbüscheliger Dauerblüher, ist unter anderem in den Gebirgen Nord- und Ostspaniens und Mittelitaliens beheimatet.
Die hübsche, nur bis 15 cm groß werdende Staude bildet lockere Rasen. Von Mai bis Juli öffnen sich die violetten, seltener weißen Blüten. Auch eine karminrote Sorte gibt es im Sortiment. Die Pflanze liebt durchlässigen (unter Umständen dränierten) Boden und einen sonnigen Standort. Eine Abdeckung aus Fichtenreisig im Winter wird empfohlen, die allerdings im Frühjahr rechtzeitig wieder entfernt werden muß. Man kann den Alpenbalsam in Fugen und Tuffsteine setzen. Dort gedeiht er gut. Eine Vermehrung ist durch Aussaat möglich.

Eryngium alpinum
Alpendistel

Die schöne Alpendistel stammt aus dem Jura, den Alpen und den Gebirgen West- und Mitteljugoslawiens. Bekannte Sorten sind 'Blue Star', 'Amethyst' und 'Opal'.
Eryngium alpinum erreicht eine Höhe zwischen 50 und 70 cm. Die Staude wächst aufrecht und in Horsten. Besonders reizend ist sie, wenn von Juli

Gentiana acaulis, Stengelloser Enzian

Gentiana septemfida, Sommerenzian

Gentiana sinoornata, Herbstenzian

bis August die stahlblauen bis blaugrauen, silbrigglänzenden „Disteln" (Blütenköpfe) erscheinen.
Die Pflanze will sonnig und trocken zwischen Steinen stehen. Sie ist sehr genügsam und unempfindlich. Das Erdreich muß tiefgründig und durchlässig sein. Das Umsetzen alter Pflanzen ist nicht möglich.

Gentiana acaulis
Stengelloser Enzian

Der Name *Gentiana acaulis* ist ein Sammelbegriff für verschiedene großglockige Enziane. Darunter befinden sich unempfindliche, wüchsige und kalkverträgliche, aber auch kalkfliehende Auslesen und Hybriden unterschiedlicher *Gentiana*-Arten. Die reine Art wird wenig angeboten und ist in Kultur etwas heikel.
Die polsterbildenden Stauden erreichen eine Höhe von 10 cm. Die Blüten öffnen sich von Mai bis August in den unterschiedlichsten Farben. Enziane sind Charakterpflanzen des Steingartens und dürfen dort nicht fehlen.
Ein sonniger Standort wird verlangt. Für nahrhafte, frische Erde ist die Pflanze dankbar. Man kann diese hübschen Enziane auch gut in Tröge und Kübel mit alpiner Bepflanzung setzen.

Gentiana septemfida var. lagodechiana
Sommerenzian

Der Sommerenzian stammt aus dem Ostkaukasus. Bei uns werden einige Sorten kultiviert.
Die Pflanze erreicht eine Wuchshöhe bis zu 30 cm. Die hübschen Blüten zeigen von August bis September ihre ganze Pracht. Die blauen Blumen besitzen einen weißen Schlund.
Diese Enzianart liebt lehmig-humose und durchlässige Böden in sonniger, auch halbschattiger bis absonniger Lage. Eine Vermehrung ist durch Aussaat möglich. Da die Pflanze ein Frostkeimer ist, muß sie nach der Samenreife oder im Winter ausgesät werden.

Gentiana sinoornata
Herbstenzian

Der edle Herbstenzian stammt aus Westchina.
Die mittlere Wuchshöhe beträgt 15 cm. Die Pflanze wächst rasenartig mit niederliegenden Trieben. Die späte Blütezeit im September/Oktober, zuweilen sogar noch im November, macht den blaublühenden Herbstenzian für Steingärten besonders interessant. Er vergilbt erst im Winter.
Für ein gutes Gedeihen ist kalkfreier, saurer Boden äußerst wichtig. Das Erdreich sollte durchlässig, humos und frisch sein. Eine halbschattige oder absonnige Lage wird bevorzugt. Ein Winterschutz ist nötig.
Vermehrt wird durch Aussaat nach der Samenreife oder im Winter, da es sich um einen Frostkeimer handelt.

Geranium dalmaticum
Storchschnabel

Das polsterbildende *Geranium dalmaticum* stammt aus Südwestjugoslawien und Nordalbanien.
Das hübsche Gewächs erreicht eine Wuchshöhe von 10–15 cm. Die schönen, grünen Blätter bekommen eine rötliche Herbstfärbung. Die attraktiven, meist rosafarbenen Blüten öffnen sich von Juni bis Juli, manchmal auch bis August. Die Sorte 'Album' blüht weiß.
Der anspruchslose Strochschnabel liebt sonnige Plätze in durchlässigem Erdreich. Eine Pflanzung auf der Mauerkrone wird vertragen. Vermehrt wird durch Aussaat im Februar/März, auch Teilung soll möglich sein.

DAS PFLANZENBREVIER

Geranium sanguineum
Blutstorchschnabel

Der Blutstorchschnabel ist in Europa weit verbreitet. Es werden verschiedene Sorten kultiviert.

Die schöne Pflanze kann eine Höhe von bis zu 30 cm erreichen, bleibt oft aber kleiner. Die Triebe wachsen niederliegend bis aufrecht. Die Staude öffnet von Mai bis September unermüdlich ihre schönen, karminroten Blüten. Es gibt auch Sorten in anderen Farben.
Geranium sanguineum liebt sonnige Plätze in durchlässigem Erdreich. Auch eine Pflanzung auf der Mauerkrone ist möglich. Vermehrt wird durch Aussaat oder Teilung. Oft sät sich die wertvolle Wildstaude auch selbst aus. Die verschiedenen Sorten, die angeboten werden, variieren in Wuchshöhe, Blütenfarbe und Herbstfärbung.
'Album' zum Beispiel blüht weiß, 'Prostratum' entwickelt rosaweiße Blüten. Diese Gartenform bleibt mit 15–20 cm etwas kleiner als die zuvor genannte. Über weitere Sorten informiert der Fachhändler.

Gypsophila repens
Kriechendes Schleierkraut

Diese schöne Pflanze stammt aus den Gebirgen Mittel- und Südeuropas. Einige Gartenformen werden bei uns kultiviert.

Das grazile Schleierkraut erreicht eine Höhe von bis zu 15 cm. Im Mai/Juni erscheinen die kleinen rosa oder weißen Blütchen, die die Pflanze reich überziehen.
Ein sonniger Standort wird bevorzugt, ein durchlässiger, kalkhaltiger Boden ist anzuraten, allerdings soll die Staude auch mit weniger Kalk im Erdreich zurechtkommen. Eine Pflanzung auf der Mauerkrone oder in Mauerritzen ist möglich. Man kann das Gewächs durch Stecklinge im Frühsommer vermehren.
Schöne Varianten sind die rosablühenden 'Rosea' und 'Rosa Schönheit'.

Helianthemum-Hybriden
Sonnenröschen

Die meisten Gartenformen dieser Gruppe entstanden aus Kreuzungen zwischen *Helianthemum apenninum* mit *H. nummularium*. Es gibt Sorten in den unterschiedlichsten Blütenfarben. Auch die Blattfarbe und Wuchshöhe variiert. Da ist für jedermann etwas dabei.
Die Pflanzen zählen zu den Halbsträuchern und erreichen eine mittlere Höhe von 20 cm. Die Blütezeit ist von Juni bis August.
Durchlässige, warme Böden in sonniger Lage werden bevorzugt. Ein Winterschutz wird empfohlen; einige Sorten sind allerdings ausreichend winterhart. Eine Pflanzung auf der Mauerkrone ist möglich.
Die Form 'Braungold' entwickelt schöne, hellbraune Blüten mit gelber Mitte. 'Gelbe Perle' blüht zitronengelb und gefüllt. 'Golden Queen' ist eine wertvolle, goldgelbblühende Sorte. 'Rubin' mit schönen, dunkelroten Blüten kann höher als 20 cm werden. 'Sterntaler' blüht goldgelb. Sie entwickelt auffallend dunkelgrüne Blätter und bleibt mit 15 cm kleiner als die vorher genannte Sorte. Es gibt noch unzählige andere, sehr attraktive Gartenformen. Über sein Angebot informiert der Fachhändler.

Helianthemum-Hybride, Sonnenröschen

Iberis saxatilis, Schleifenblume

Iberis saxatilis
Schleifenblume

Die hübsche Schleifenblume stammt aus Südeuropa. Sie zählt zu den Halbsträuchern, wird allerdings in der Regel dort verkauft, wo man Stauden bekommt.

Die kleine, niederliegende Pflanze erreicht nur eine Höhe von bis zu 10 cm. Die weißen Blütchen öffnen sich von April bis Mai, zuweilen auch noch im Juni.
Der Frühjahrsblüher liebt einen Platz in der Sonne und sandig-humose, durchlässige Böden. Man kann ihn gut

STAUDEN

Iberis sempervirens, Schleifenblume

Leontopodium alpinum, Alpenedelweiß

Iberis sempervirens
Schleifenblume

Diese *Iberis*-Art stammt aus dem Mittelmeergebiet. Wie die vorher beschriebene Art zählt auch *I. sempervirens* zu den Halbsträuchern. Die kleine Pflanze kauft man üblicherweise beim Staudengärtner. Verschiedene Gartenformen werden bei uns kultiviert.

Je nach Sorte wächst diese Schleifenblume bis zu 30 cm hoch. Die niederliegenden Pflanzen öffnen im Mai ihre kleinen, weißen Blüten.
I. sempervirens liebt Standorte in der Sonne. Wie die vorher beschriebene Art möchte auch dieses Gewächs in sandig-humosen, durchlässigen Böden wachsen. Auf der Mauerkrone gedeihen Schleifenblumen gut. Vermehrt wird durch Stecklinge.
Einige Sorten sind 'Findel', 'Schneeflocke' und 'Nana'. Sie blühen alle weiß, erreichen jedoch unterschiedliche Wuchshöhen. 'Nana' bleibt am niedrigsten, 'Findel' steht in der Mitte, und 'Schneeflocke' wird mit 25 cm am höchsten.

Leontopodium alpinum
Alpenedelweiß

Diese typische Gebirgspflanze stammt unter anderem aus den Alpen, den Pyrenäen und den Karpaten. Sie steht unter Naturschutz. Die Gärtnereien bieten viele schöne Gartenformen an. Das hübsche Gewächs kann bis 20 cm hoch wachsen. Die länglichen Blätter sind weiß- bis grauwollig. Die wunderbaren, weißen bis gräulichen Blüten besitzen eine sternartige Form. Sie erscheinen von Juni bis Juli.
Das Edelweiß liebt vollsonnige Standorte und ist mit jedem durchlässigen, frischen Gartenboden zufrieden. Die dankbare Staude wirkt auf Mauerkronen sehr hübsch. Auch eine Trogpflanzung ist möglich.
Vermehrt wird durch Teilung oder Aussaat. Die Samen legt man im Winter, da Edelweiß ein Frostkeimer ist.
Einige Sorten, die sich in Blütengröße und Wuchshöhe unterscheiden, kann man kaufen. 'Mignon' erreicht eine Höhe von bis zu 10 cm. 'Splendens' entwickelt besonders große Blüten, und 'Multiflorum' blüht sehr reich.

Lewisia cotyledon
Bitterwurz

Die Bitterwurz stammt aus den westlichen USA. Dort lebt sie an felsigen Plätzen in Niederungen und im Gebirge. Fachhändler bieten oftmals *Lewisia-Hybriden* an. Hierbei handelt es sich meist um Kreuzungen von *L. cotyledon* mit anderen Arten derselben Gattung. Daher müßte man die Pflanze richtiger als *L.-Cotyledon-Hybriden* bezeichnen.
Das hübsche Gewächs bildet bis zu 20 cm hohe und im Alter bis zu 40 cm breite Rosetten. Die fleischigen Blätter sind auch im Winter grün. Die Blüten öffnen sich von Juni bis August. Die Farbe ist formenabhängig Weiß, Gelb, Rosa, Orange und Rot. Die schönen Blütenrispen überragen die Rosette um einiges.
Die Pflanzen lieben kalkfreie, durchlässige Schotterböden (bis 80 % Schotter). Das Wasser muß immer gut abfließen können und darf in der Rosette nicht stehenbleiben. Daher wird empfohlen, die Bitterwurz an etwas geneigte Flächen zu setzen. Ein halbschattiger bis schattiger Standort ist für ein gutes Gedeihen unerläßlich. Im Winter muß man einen Schutz geben. Besonders der Wintersonne und Winternässe darf die hübsche Staude nicht ausgesetzt werden. Auf Mauerkronen und in größeren Spalten kann man die Bitterwurz pflanzen – allerdings nicht in die Sonne. Auch fürs Alpinengewächshaus ist diese Pflanze bestens geeignet. Vermehrt wird durch Aussaat oder im Frühjahr durch Abtrennen von Tochterrosetten.
Es gibt verschiedene Sorten und, wie schon oben erwähnt, Hybriden im Handel. 'Sunset Strain' erreicht eine Höhe von 15 cm und entwickelt gelbe bis rote Blüten. 'Pinkie', eine rosa Sorte, soll sehr reich und lange blühen.

auf Mauerkronen setzen. Auch im Trog und Tuffstein wirkt die Schleifenblume sehr schön. Die Winterhärte ist leider nicht immer ausreichend. Vermehrt wird durch Stecklinge.

DAS PFLANZENBREVIER

Linum flavum, Goldflachs

Phlox subulata, Polsterphlox

Linum perenne, Lein

Oenothera missouriensis, Nachtkerze

Papaver nudicaule, Islandmohn

Linum flavum
Goldflachs

Der Goldflachs stammt aus Mittel- und Südosteuropa. Einige Sorten sind in Kultur.
Eine mittlere Wuchshöhe von 30 cm wird erreicht. Die buschige Pflanze kann allerdings auch größer werden. Die hübschen Blüten erscheinen manchmal schon im Mai und bleiben bis Juli, auch einmal bis August. Die Gartenformen blühen in verschiedenen Gelbtönen.
Der Goldflachs liebt durchlässige, trockene bis frische Böden, die nicht zu karg sein dürfen. Er sollte einen Sonnenplatz bekommen. Ein Winterschutz wird angeraten. 'Compactum' und 'Goldzwerg' sind besonders schöne Sorten.

Linum perenne
Lein

Diese wertvolle Wildstaude ist unter anderem in den Pyrenäen und den Alpen weit verbreitet.
Das ausgesprochen hübsche Gewächs kann eine Höhe von bis zu 60 cm erreichen. Die linealischen Blätter gruppieren sich sehr schön um den Stengel. Ihre ganze Eleganz zeigt die Pflanze in der Blütezeit von Juni bis August. Dann öffnen sich die himmelblauen Blüten an den überhängenden Dolden. Der Lein liebt sonnige Plätze in durchlässigen Böden. Eine Pflanzung auf der Mauerkrone ist möglich. An ihr zusagenden Orten sät sich die Staude leicht selbst aus.

Oenothera missouriensis
Nachtkerze

Die wunderschöne Nachtkerze stammt aus den USA, wo sie von Missouri und Kansas bis nach Texas vorkommt.
Die Pflanze kann 10–20 cm hoch werden. Sie wächst niederliegend, die Triebe richten sich etwas nach oben. In der Blütezeit von Juni bis September, manchmal auch schon von Mai, entfal-

STAUDEN

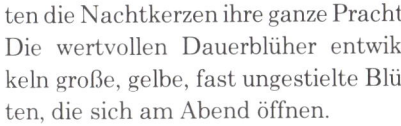
Primula auricula, Alpenaurikel

ten die Nachtkerzen ihre ganze Pracht. Die wertvollen Dauerblüher entwickeln große, gelbe, fast ungestielte Blüten, die sich am Abend öffnen.

Die Stauden lieben sonnige, warme Plätze. In durchlässigen, guten Gartenböden fühlen sie sich wohl, und auch auf der Mauerkrone gedeihen sie prächtig. Eine Vermehrung ist durch Aussaat möglich. Da es sich um Frostkeimer handelt, wird im Winter gesät.

Papaver nudicaule
Islandmohn

Der zarte Islandmohn stammt aus arktischen und subarktischen Gebieten Asiens und Nordamerikas. Viele Sorten in unterschiedlichen Farben und Blütengrößen werden bei uns kultiviert.

Die bis zu 40 cm hoch werdende Pflanze wächst horstartig. Die wunderbaren, großen Blüten sitzen auf blattlosen, behaarten Stengeln über dem Laub. Die schönsten Farben von Weiß über Gelb bis Rot beleben den Steingarten von Juni bis September. Die lange Blütezeit macht den Islandmohn besonders wertvoll.

Papaver nudicaule liebt durchlässige, frische bis trockene Böden in der Sonne. Die Pflanze kann sich leicht selbst aussäen und dadurch lästig werden. Um einer zu starken Ausbreitung entgegenzuwirken, schneidet man die Blüte rechtzeitig nach der Blütezeit ab, damit keine Samen ausreifen und auf den Boden fallen können. Vermehrt wird durch Aussaat.

Phlox subulata
Polsterphlox

Aus den USA stammt dieses hübsche Gewächs. Es gehört zu den Pflanzen, die aus unseren Gärten nicht mehr wegzudenken sind.

Diese bis zu 15 cm hoch werdende Art wächst dicht polster- beziehungsweise rasenartig. Die Triebe steigen leicht an. Die Staude überwächst mühelos Felsen, Steine und Mauern und schmückt sich von April bis Mai mit unzähligen Blüten; sie können runde, längliche oder gekerbte Kronblätter besitzen. Es gibt Sorten in den unterschiedlichsten Rottönen, außerdem in Weiß und Schieferblau.

Der Polsterphlox liebt durchlässige, nahrhafte Böden. Zu schweres und zu sandiges Erdreich ist ungeeignet. Die Gewächse sollten einen Sonnenplatz erhalten. Eine Pflanzung auf der Mauerkrone ist möglich. Vermehrt wird durch Stecklinge im Frühsommer nach der Blüte.

Die verschiedenen Sorten aufzuzählen, würde den Rahmen dieses Buches sprengen, denn es gibt viele im Sortiment. Sehr bekannt ist die alte, schieferblaue Form 'G. F. Wilson'. 'White Delight' kann ebenfalls empfohlen werden. Diese Gartenform blüht weiß.

Primula auricula
Alpenaurikel, Echte Aurikel

Diese auch für das Tiefland geeignete Primel ist unter anderem in den Alpen, in der Fränkischen Jura und dem Schwarzwald weit verbreitet.

Die hübschen Gewächse erreichen eine Höhe von 10 cm. Die kleinen Blattrosetten sind mehlig bestäubt. Von April bis Juni schmücken sich diese reizenden Stauden mit ihren gelben Blüten und verbreiten einen angenehmen Duft.

Die Alpenprimeln gedeihen an sonnigen bis halbschattigen Standorten und lieben durchlässigen, humosen und kalkhaltigen Boden. Auch feuchtere Lagen werden noch akzeptiert. Eine Pflanzung auf der Mauerkrone ist möglich. Dort gedeihen die Pflanzen sehr gut in Ost- und Westlagen. Eine Vermehrung soll durch Aussaat sofort nach der Samenreife am erfolgversprechendsten sein.

DAS PFLANZENBREVIER

Primula denticulata
Kugelprimel

Die schöne Kugelprimel stammt aus der asiatischen Gebirgswelt (von Afghanistan über den Himalaja bis nach Westchina).
Die Pflanze bildet kleine Rosetten mit ovalen Blättern. Sie gehört zu den Gewächsen, die uns den Frühling ankündigen. Schon im März öffnen sich die wunderbaren, hoch über dem Laub stehenden „Blütenkugeln", die in den schönsten Rot- und Violetttönen und auch in Weiß den Steingarten beleben. Halbschattige Standorte sagen diesen Stauden zu. Der Boden sollte nährstoffreich und humos sein. Die Pflanze gedeiht nur an feuchteren Plätzen gut. Eine Vermehrung ist durch Aussaat im Frühling möglich.
Empfehlenswerte Sorten sind zum Beispiel die weißblühende 'Alba' und die karminrote 'Rubin'. Beide erreichen eine Höhe von bis zu 25 cm.

Pulsatilla vulgaris
Küchenschelle

Die Küchenschelle ist in Nord- und Mitteleuropa weit verbreitet. Sie ist eine typische Steingartenpflanze und sollte in keiner Anlage fehlen. Die großblütigen Kulturformen, die meist in unseren Gärten vorherrschen, stammen von *Pulsatilla vulgaris* ssp. *grandis* oder *P. halleri* ssp. *slavica*. Oft findet man die Küchenschelle noch unter ihrem alten botanischen Namen *Anemone pulsatilla*.
Die hübschen Pflanzen erreichen eine Wuchshöhe von 25 cm. Die Blätter sind eigenwillig pelzig behaart. Ihre ganze Pracht entfalten die großblütigen Küchenschellen schon ab März. Die Frühlingsboten blühen in den verschiedensten Rot-, Violett- und Brauntönen, seltener in Weiß. Einen wunderbaren und außergewöhnlichen Anblick bieten auch die sehr zierenden, zottigen Fruchtstände ab Juni.
Küchenschellen lieben leichte, kalkhaltige Böden. Sie wollen in der prallen Sonne stehen. Schatten und Halbschatten vertragen sie genausowenig wie Dünger. Am besten setzt man sie in die unmittelbare Umgebung eines großen Steines. Küchenschellen säen sich leicht selbst aus. Vermehrt wird durch Aussaat nach der Samenernte oder im Frühling. Die Pflanze ist giftig.
Die Gartenfachgeschäfte halten ein reichhaltiges Angebot an verschiedenen Küchenschellen bereit. Kauft man blühende Pflanzen, kann man die schönsten Farben auswählen.

Saponaria ocymoides
Seifenkraut, Rotes Seifenkraut

Diese bekannte Steingartenpflanze stammt aus den Gebirgen Spaniens, Südfrankreichs und Italiens, aus dem Schweizer Jura und den Alpen.
Das kleine Seifenkraut erreicht eine Wuchshöhe von 15 cm. Es wächst niederliegend. Die kleinen, zahllosen karminroten Blüten erscheinen von Mai bis Juli und überziehen die gesamte Pflanze beziehungsweise Steine und Mauern mit einem Schleier. Verschiedene Gartenformen blühen auch in anderen Farben. Die Skala reicht von Weiß über Rosa bis Rot.
Die wüchsige Pflanze liebt sandig-lehmige, durchlässige Böden in der Sonne. Eine Pflanzung auf der Mauerkrone ist möglich. Das anspruchslose Seifenkraut sät sich leicht selbst aus. Eine Vermehrung ist also durch Aussaat möglich, außerdem durch Teilung älterer Exemplare im Frühjahr.
Empfehlenswerte Sorten sind zum Beispiel die rosarote 'Splendens' und die dunkelrote 'Rubra Compacta'.

Saxifraga-Arendsii-Hybriden
Moossteinbrech

Diese hübschen, kleinen Pflanzen entstanden durch Kreuzung verschiedener Arten. Es werden eine ganze Reihe unterschiedlicher Gartenformen angeboten. Die dankbaren Stauden eignen sich vorzüglich für Steingärten und sollten dort nicht fehlen.
Ein rasenförmiger Wuchs ist charakteristisch für diese Gruppe von Pflanzen. Die Blüten entwickeln sich auf 15 bis 20 cm hohen Stielen und erscheinen im Mai. Das Farbspektrum der Gartenformen reicht von Weiß über Hellgelb und Rosa bis Dunkelrot.
Die pflegeleichten Gewächse lieben halbschattige Standorte in frischen, durchlässigen Böden. Sie gedeihen bei den obengenannten Bedingungen gut auf Mauerkronen. Eine Vermehrung ist durch Teilung der Bestände im März und April möglich.
Sehr schöne Sorten sind der weiße, großblumige 'Schneeteppich', die gelbe 'Schwefelblüte' mit 15 cm Wuchshöhe und die rubinrote 'Triumph' mit derselben Höhe. Auch 'Blütenteppich' mit karminroten und 'Feuerteppich' mit roten Blüten können empfohlen werden. Es gibt noch eine Reihe weiterer Gartenformen. Über das Angebot informiert der Fachhändler.

Saxifraga cotyledon
Rosettensteinbrech

Dieses kleine, hübsche Gewächs stammt aus den Süd- und Mittelalpen, den Mittelpyrenäen, Norwegen und Island.
Wie der deutsche Name schon verrät, handelt es sich beim Rosettensteinbrech um eine Pflanze mit flachem, rosettenartigem Wuchs. Die Blätter sind fleischig. Die Blüten sitzen auf bis zu 50 cm hohen Stielen. Es ist wirklich

STAUDEN

Primula denticulata, Kugelprimel

Fruchtstände der Pulsatilla vulgaris, Küchenschelle

Saxifraga cotyledon, Rosettensteinbrech

Saxifraga-Arendsii-Hybride 'Blütenteppich', Moossteinbrech

Saponaria ocymoides, Seifenkraut

Sedum acre, Mauerpfeffer

eine Freude, wenn sich im Mai/Juni die zahlreichen Blüten an den leicht gebogenen Stengeln öffnen.
'Pyramidalis' entwickelt weiße Blumen, 'Rote Frei' blüht rosa. Es gibt auch weiße Formen mit roten Tupfen. Die Pflanzen möchten einen halbschattigen bis absonnigen Platz in durchlässigem, kalkarmem, nicht zu trockenem Erdreich. Sie eignen sich für Mauerkronen sowie für Tröge. Eine Vermehrung ist durch Teilung im März/April möglich.

Sedum acre
Mauerpfeffer, Scharfe Fetthenne

Der anspruchslose Mauerpfeffer stammt aus Europa, West- und Nordasien und Nordafrika. Es gibt einige Varietäten.
Die rasenartig wachsende Pflanze kann sich im Steingarten leicht zum Unkraut entwickeln. Daher muß man einer zu starken Ausbreitung durch rechtzeitiges Auslichten und frühen Schnitt Einhalt gebieten. Für die Bedeckung sandiger, dürrer Stellen ist die Staude wegen ihres Wuchses hervorragend geeignet. Die hübschen, kleinen Sternblüten erscheinen von Juni bis Juli und beleben die Anlagen durch ihre leuchtendgelbe Farbe.
Der Mauerpfeffer liebt sonnige Hänge, sandige, offene Plätze, Felsen, Mauerkronen und Mauerritzen. Selbst mit sehr magerem Boden kommen die Pflanzen gut zurecht. Eine Vermehrung ist durch Teilung möglich.

Sedum album
Weißer Mauerpfeffer, Dickblättriges Schneepolstersedum

Der Weiße Mauerpfeffer ist unter anderem in Europa weit verbreitet. Es werden verschiedene Gartenformen kultiviert, die für den Gärtner wichtiger sind als die Art. *Sedum* ist eine dankbare Pflanze für Steingärten und sollte dort nicht fehlen.
Die kleinen Stauden wachsen locker rasenförmig und kriechen über den Boden. Die Blätter sind dunkelgrün bis rötlich. Einige Sorten entwickeln eine besonders schöne Herbstfärbung. Von Juni bis August schmückt sich die hübsche Staude mit bis zu 15 cm hohen Doldenrispen, die weiße Blüten tragen. Die Gartenformen können auch rosa gefärbt sein.
S. album und seine Gartenformen lieben sonnige Plätze auf sandigem Boden, auf Mauern und in Mauerspalten. Auch in Tuffstein gedeihen die Stauden gut. Wie die meisten *Sedum*-Arten kommt die Pflanze auch auf sehr magerem Erdreich noch gut zurecht. Vermehrt wird durch Teilung im März/April.
'Coral Carpet', das Rotmoossedum, bildet sehr schöne Teppiche und verfärbt sich im Herbst bronzerot. 'Murale' ist eine hübsche, rosa blühende Sorte, die braunrote Blätter besitzt. 'Laconicum' wächst üppig mit schönem, grünem Laub.

Sedum floriferum
Fetthenne, Reichblühendes Chinasedum

Diese *Sedum*-Art stammt aus Nordostchina. Die Sorte 'Weihenstephaner Gold' mit ihren goldgelben Blüten ist ein besonders wertvoller Bodendecker.

Sedum album 'Murale', Weißer Mauerpfeffer

Die Pflanze erreicht eine Höhe von bis zu 20 cm. Sie breitet sich stark aus. Die rötlichen, niederliegenden Triebe können bis zu 25 cm lang werden. Im Juli schmückt sich die Fetthenne mit zahlreichen Blüten, die auf reich verzweigten Trugdolden sitzen. Die Art blüht grünlichgelb.
Wie schon bei den anderen *Sedum*-Arten beschrieben, liebt auch diese Art sonnige Plätze. Auf Mauerkronen und in Mauerspalten wachsen die Stauden genausogut wie auf sandigen, mageren Böden. Die anspruchslose Pflanze wird durch eine Teilung im März oder April vermehrt.

Sedum spurium
Teppichsedum

Diese *Sedum*-Art stammt aus dem Nordiran, dem Kaukasus und aus Armenien. In Europa sowie im nordöstlichen Nordamerika ist sie stellenweise eingebürgert. Es werden verschiedene Gartenformen angeboten, die sich besonders in der Blüten- und Blattfarbe unterscheiden.
Die kleine Pflanze erreicht nur eine Höhe von 10–15 cm. Die Triebe wachsen kriechend über den Boden. Von Juli bis August erscheinen die trichterförmigen, fünfstrahligen Blüten. Die

Sedum spurium 'Purpurteppich', Teppichsedum

Farbskala reicht von Weiß über Rosa bis Rot.
Diese *Sedum*-Art liebt, genauso wie seine Verwandten, sonnige Plätze, allerdings kommt sie auch noch mit Halbschatten zurecht. Eine Pflanzung auf Mauerkronen und in Mauerspalten ist möglich. Die ansonsten sehr anspruchslose Pflanze wird durch Teilung im März/April vermehrt.
Es gibt eine ganze Reihe empfehlenswerter Sorten. Einige seien an dieser Stelle genannt: 'Album Superbum' blüht weiß, allerdings nur sehr spärlich. Sie bildet jedoch sehr schöne, dichte, sattgrüne Polster, weswegen sie gerne gepflanzt wird. 'Purpurteppich' schmückt sich mit dunkelpurpurroten Blüten, 'Schorbuser Blut' mit karminroten. Die Sorte 'Tricolor' besitzt außergewöhnliche, dreifarbige Blätter in Rosa, Weiß und Grün.

Sempervivum
Hauswurz, Steinwurz, Dachwurz

Die Gattung *Sempervivum* soll an dieser Stelle kurz beschrieben werden, bevor wir zu den einzelnen Arten kommen. Es gibt etwa 30 Arten, die bei uns in den Bergen zu finden sind. Aus diesen entstanden unzählige Naturhybri-

STAUDEN

Sempervivum arachnoideum, Spinnwebhauswurz

Sempervivum arachnoideum
Spinnwebhauswurz

Die Spinnwebhauswurz ist in sämtlichen europäischen Hochgebirgen beheimatet.

Diese kleine Pflanze überzieht ihre Rosetten mit weißen Gespinsten, die sie vor zu großer Sonneneinstrahlung schützt. Von diesen „Spinnweben" leitet sich auch der deutsche Name ab. Die Rosetten erreichen eine Höhe zwischen 3 und 10 cm. Die dickfleischigen Blätter gibt es in den unterschiedlichsten Farbvarianten und Farbmustern. Die Blütezeit ist von Juli bis August. Die meisten Pflanzen blühen in Rottönen, man kennt jedoch auch weiße Formen.

Ein Standort in der Sonne und sandige, durchlässige Böden sind Voraussetzung für ein gutes Gedeihen. Die kleinen Durst- und Hungerkünstler bevorzugen trockenes und mageres Erdreich. Vernäßter und verdichteter Boden ist völlig ungeeignet. In Trögen und Tuffstein, auf Mauerkronen und in Mauerspalten fühlen sich die Pflanzen wohl. Vermehrt wird durch Aussaat und Tochterrosetten.

Sempervivum ciliosum
Hauswurz

Diese Hauswurzart ist in Bulgarien und Jugoslawien beheimatet. Die kleinen Rosetten erreichen eine Höhe zwischen 3 und 10 cm. Die schönen, gelben Blüten stehen im Juni/Juli über dem Laub.

Wie alle *Sempervivum* verlangt auch diese Art und ihre Formen sonnige Plätze in durchlässigem Erdreich. Auf Mauerkronen und in Mauerspalten fühlen sich die Pflanzen genauso wohl wie im Trog oder in Tuffstein. Vermehrt wird durch Tochterrosetten oder Aussaat.

den, gezielte Kreuzungen und Gartenformen.

Sempervivum läßt sich wegen seiner Anspruchslosigkeit sehr leicht im Garten pflegen. Die Vermehrung ist über Aussaat einfach, und aus den Samen entstehen verschiedenste Formen und Typen. Manche *Sempervivum*-Anhänger haben Sammlungen mit mehr als 1000 unterschiedlichen Individuen.

Jedermann kann sich durch eigene Aussaat und Anzucht *Sempervivum* heranziehen. Dazu läßt man den Samen ausreifen. Im August/September ist die Samenreife erreicht. Man schneidet den Blütenstand ab, läßt ihn etwas nachtrocknen, schüttelt dann den Samen auf ein Blatt Papier und bewahrt ihn bis Februar/März an einem trockenen Ort auf. Das feine Saatgut wird nicht zu dicht in sandreiches Substrat (1/3 Torf, 2/3 Flußsand) gesät, mit einer feinen Brause angegossen und an einen hellen, warmen Ort gestellt. Nach zehn bis vierzehn Tagen erscheinen die ersten Keimlinge. Wenn die Pflanzen mit Daumen und Zeigefinger zu fassen sind, werden sie pikiert (vereinzelt).

Die Hauswurz entwickelt Rosetten und Blätter in den verschiedensten Farbvarianten. Nach der Blüte stirbt die Rosette ab. Die Pflanze bildet vorher Tochterrosetten, die man abtrennen und weiterkultivieren kann. Abgestorbene Rosetten werden aus der Anlage entfernt. Die Tochtergewächse können schon im ersten Jahr blühen, müssen aber nicht.

Die Hauswurz ist eine typische Steingartenpflanze, die sich in Mauerspalten genauso wohlfühlt wie zwischen Felsen und in Tuffgestein. In der letzten Zeit spielt sie bei der Dachbegrünung eine ständig wachsende Rolle, da sie dort sehr gut gedeiht. Vollsonnige Standorte werden bevorzugt. An halbschattigen Plätzen gehen die Rosetten etwas auseinander und entwickeln manchmal nicht ihre typische Farbe. Durchlässige Böden (bis zu 50 % Flußsand) sind für ein gutes Gedeihen unerläßlich. Die Pflanzen können sogar zwischen Kies wachsen und blühen.

DAS PFLANZENBREVIER

Sempervivum tectorum
Dachhauswurz

Die Art ist in den Alpen und den Pyrenäen beheimatet. Die meisten der in unseren Gärten kultivierten Semperviven sind Formen oder Hybriden von *Sempervivum tectorum.*

Diese sehr robuste Pflanze kann bis zu 30 cm hohe Blütensprosse entwickeln. Von Juni bis August öffnen sich die schönen, rosa Blüten. Auch rote Formen sind bekannt.

Diese Art und ihre Formen verlangen – wie alle Semperviven – volle Sonne und durchlässigen Boden. Eine Pflanzung im Trog, auf Mauerkronen und in Mauerritzen ist möglich. Vermehrt wird durch Abtrennen von Tochterrosetten oder durch Aussaat.

Sempervivum tectorum, Dachhauswurz

Silene maritima
Leimkraut

Das hübsche Leimkraut ist in Europa und Nordafrika beheimatet. Einige empfehlenswerte Sorten werden bei uns angeboten.

Die niederliegenden Triebe können bis zu 20 cm Höhe ansteigen. Die schönen, weißen Blüten mit aufgeblasenem Kelch erscheinen von Juni bis August und halten sehr lange. Es gibt auch rosa Gartenformen und gefüllte.

Die Pflanzen lieben einen Platz in der Sonne auf kalkhaltigem, sandigem und durchlässigem Erdreich. Auch Halbschatten wird noch vertragen. Eine Vermehrung soll durch Stecklinge möglich sein.

Es gibt einige empfehlenswerte Sorten. 'Plena' entwickelt schöne, weiße, gefüllte Blüten. 'Rosea' blüht rosa, 'Weißkehlchen' hellgrün und sehr dauerhaft.

Silene maritima, Leimkraut

Soldanella montana, Alpenglöckchen

Soldanella montana
Alpenglöckchen

Das wunderschöne Alpenglöckchen ist im Alpenvorland, im Bayerischen und im Böhmer Wald und auch in Österreich weit verbreitet. *Soldanella alpina,* eine andere schöne Art, versagt leider oft in Gartenkultur im Tiefland. *S. montana* wächst horstartig. Von April bis Mai, manchmal schon von März an, schmückt sich die grazile Pflanze mit gefransten, lilablauen Blütchen. Die Pflanze wird weniger oft in Steingärten gesetzt. Sie steht gut am dränierten Fuß einer Trockenmauer.

Das Alpenglöckchen soll einen halbschattigen Platz erhalten. Humoses, durchlässiges und frisches Erdreich ist für ein gutes Gedeihen wichtig.

Stachys byzantina
Wollziest, Silberwollziest, Eselsohren

Der Wollziest ist in Kleinasien, im Kaukasus und in Nordiran beheimatet; in Ontario (USA) wurde er eingebürgert. Diese Art wird noch oft unter dem alten botanischen Namen *Stachys lanata* geführt.

Die Pflanze entwickelt kriechende Triebe, die sich flächig ausbreiten. Die weißen, wollig-filzigen, behaarten Blätter sind charakteristisch für diese Pflanze. Die kleinen, rosa Blüten sind unscheinbar, und oftmals blühen die Stauden nur sehr wenig.

Der wertvolle Bodendecker liebt sonnige Plätze auf trockenem, durchlässigem Erdreich, aber auch magere Erde genügt ihm noch. Vermehrt wird durch Teilung im März/April.

'Silver Carpet', auch Silberteppich genannt, ist eine Sorte, die wenig oder gar nicht blüht. Sie eignet sich hervorragend für die silbergraue Bedeckung größerer Flächen in trockenen Lagen.

Teucrium chamaedrys
Edelgamander

Der schöne Edelgamander ist in Europa und Südpolen verbreitet; auch in Nordafrika, Syrien, dem Kaukasus und dem Iran ist er zu finden. *T. chamaedrys* zählt zu den Halbsträuchern.

Die buschige, aufrecht wachsende Pflanze erreicht eine Wuchshöhe von 30–40 cm. Die Blätter sind nur im Sommer grün – im Gegensatz zu *T. chamaedrys* hort. (= *T. massiliense*) –, mit der man das beschriebene Gewächs nicht verwechseln darf. Die purpurnen Blüten erscheinen an langen Scheinähren und schmücken den Halbstrauch von Juni bis August.

Der Edelgamander liebt trockene, durchlässige Plätze in der Sonne. Kalkhaltiges Erdreich wird gut vertragen. Auf Mauerkronen wachsen die hübschen Pflanzen prächtig. Eine Vermehrung ist durch Ausläufer möglich.

Die sich im Handel befindliche Art *T. chamaedrys* hort. (= *T. massiliense*) ist immergrün, erreicht eine Höhe von 40 cm und bildet keine Ausläufer. Sie stellt ähnliche Ansprüche wie *T. chamaedrys*, ist aber nicht immer winterhart.

Thymus serpyllum
Quendel, Feldthymian

Thymus serpyllum ist unter anderem in Nord- und Mitteleuropa weit verbreitet. Von dieser sehr formenreichen Art gibt es zahlreiche Sorten.

Die immergrüne, kriechende Pflanze erreicht nur eine Höhe von bis zu 8 cm. Die aromatisch duftenden Blätter machen den Feldthymian für Steingärten sehr interessant. Er bildet außerdem schöne Teppiche und ist so als Bodendecker gut geeignet. Die kleinen Blüten erscheinen von Juni, zuweilen auch schon von Mai bis Oktober, an das Laub überragenden Blütenständen. Es gibt weiß-, rosa- und rotblühende Sorten.

Der Feldthymian liebt durchlässige Böden in voller Sonne. Auch mit magerem Erdreich kommt er zurecht. Wärme und Sommertrockenheit wird gut vertragen, sogar gewünscht. Auf Mauerkronen gedeihen die Pflanzen prächtig. Eine Vermehrung ist durch Teilung im Frühjahr möglich.

Die Staude gibt es in vielen empfehlenswerten Sorten und sollte in keinem Steingarten fehlen. 'Albus' ist zum Beispiel eine weißblühende Gartenform. 'Coccineus' blüht karminrot, 'Carneus' rosa.

Veronica spicata ssp. incana
Ehrenpreis

Dieser Ehrenpreis stammt aus Osteuropa. Oft findet man ihn noch unter dem alten botanischen Namen *Veronica incana*. Einige Gartenformen sind im Handel.

Die hübsche, flächig und polsterförmig wachsende Pflanze erreicht eine Wuchshöhe von 30 cm. Besonders zierend ist das silberweiße Laub. Die kleinen, blauen Blüten erscheinen von Juni bis Juli, manche Sorten blühen auch in rotblauen Tönen.

Dieser Ehrenpreis ist, wie die meisten *Veronica*-Arten und -Sorten, ein Sonnenkind. Der Boden sollte sandig und durchlässig sein, frisches bis trockenes Erdreich wird bevorzugt. Auf Mauerkronen gedeihen die Pflanzen hervorragend. Sie sind zudem eine Bienenweide und locken zahlreiche Insekten in den Garten. Eine Vermehrung ist durch Stecklinge im Frühsommer und durch Teilung nach der Blüte möglich.

Stachys byzantina, Wollziest

Teucrium chamaedrys, Edelgamander

Thymus serpyllum, Feldthymian

Viola cornuta, Hornveilchen

Viola cornuta und Hybriden
Hornveilchen

Das Hornveilchen stammt aus den Pyrenäen. Es gibt viele Gartenformen und Hybriden, die im Laufe der Jahre ausgelesen wurden.

Die Pflanzen erreichen eine Höhe von bis zu 25 cm, Wuchshöhe und Blütenfarbe sind von der Sorte abhängig. Von Juni bis August erscheinen die wunderschönen Blüten, die auf dünnen Stielen sitzen. Die Farbskala reicht von Weiß über Gelb und Rot bis Blau. Es werden sehr reichblühende, großblumige beziehungsweise langstielige Gartenformen angeboten.

Sonnige bis halbschattige Standorte werden bevorzugt. In normaler, durchlässiger Gartenerde fühlen sich die Pflanzen wohl. Manche Gärtner empfehlen in rauhen Lagen einen Winterschutz. Eine Vermehrung ist durch Teilung im März/April möglich. Die Art und einige Sorten, die rein ausfallen, können auch ausgesät werden. Es handelt sich um Frostkeimer.

Es gibt eine ganze Reihe empfehlenswerter Sorten: 'Angerland' blüht in zartem Lilablau. 'Blaue Schönheit' ist eine leuchtendblaue Form, 'Hansa' eine dunkelblaue und 'Famös' eine weinrote. Die Liste der Namen wäre noch sehr lang. Über sein Angebot informiert der Fachhändler.

Wulfenia carinthiaca, Wulfenie

Wulfenia carinthiaca
Wulfenie, Kuhtritt

Wulfenia carinthiaca stammt aus den Südostalpen und Montenegro. Die bis zu 30 cm hoch werdende Rosettenpflanze wächst horstartig und buschig, die das Laub etwas überragenden Blütenähren erscheinen von Juni bis August und sind dicht mit blauen Blüten besetzt.

Wie die Pflanzen es von ihrem Naturstandort gewohnt sind, lieben sie kalkarme, humos-lehmige, auch flachgründige Sandböden mit frischem bis feuchtem Erdreich. Der Standort sollte halbschattig und windgeschützt sein.

Yucca filamentosa
Palmlilie

Dieses imposante Gewächs ist in den südlichen USA und in Mittelamerika weit verbreitet. Verschiedene Sorten werden kultiviert.

Yucca filamentosa, Palmlilie

Wegen seiner Höhe von bis zu 150 cm eignen sich die Pflanzen nur für größere Anlagen. Die vielblättrigen Blattschöpfe entwickeln eindrucksvolle Blütenstände, die weiß bis weißgrün blühen und im August bis September erscheinen.

Die Palmlilie paßt in eine Landschaft mit Wüstencharakter, daher kann man sie nicht überall im Steingarten verwenden. Große Findlinge und sandige Flächen müssen in der Umgebung angeordnet sein, damit die Palmlilie wirken kann. Sie verlangt einen Standort in voller Sonne, der Boden soll durchlässig und sandig-humos sein. Im Sommer wird Trockenheit bevorzugt. In rauhen Gegenden ist ein Winterschutz nötig.

Empfehlenswerte Sorten sind zum Beispiel 'Eisbär' und 'Schellenbaum'. Auch die mannshoch werdende Gartenform 'Schneefichte' wirkt sehr schön – genauso wie 'Schneetanne', die weiße, grüngelb schimmernde Blüten entwickelt.

Gräser

Briza media
Zittergras, Herzzittergras

Zittergras ist in Europa und Kleinasien beheimatet und in Nordamerika eingebürgert.
Briza media erreicht eine Höhe von 40–60 cm. Besonders beeindruckend sind die zarten, herzförmigen, nickenden Ährchen, die von Mai bis Juni erscheinen. Nach der Blütezeit verlieren die Pflanzen ihre Grazie und können zurückgeschnitten werden.
Das Zittergras liebt sonnige bis halbschattige Plätze, der Boden sollte durchlässig und etwas humos sein. Das anspruchslose Ziergras kann man durch Teilung vermehren.

Briza media, Zittergras

Festuca cinerea, Blauschwingel

Carex buchananii
Fuchsrote Segge

Dieses schöne Ziergras stammt aus Neuseeland.
Carex buchananii wird bis zu 50 cm hoch. Die rote Farbe der Blätter gab dieser Segge ihren Namen. Bis in den Winter hinein bleibt die Zierwirkung der roten, elegant überhängenden Halmbüscheln bestehen, die Blüte dagegen ist unbedeutend.
Die Fuchsrote Segge liebt einen Platz in der Sonne. Das Erdreich sollte nicht zu trocken sein. Ein leichter Winterschutz wird in gefährdeten Gebieten empfohlen. Wegen der doch ungewöhnlichen Färbung paßt dieses Gras nicht zu jeder Pflanze. Bei der Auswahl und Anordnung im Steingarten muß man dieser Tatsache unbedingt Rechnung tragen. Vermehrt wird durch Teilung.

Dactylis glomerata
Knäuelgras

Dactylis glomerata ist unter anderem in Europa, Nordafrika sowie Australien beheimatet und in Neuseeland eingebürgert. Die reine Art ist gärtnerisch entbehrlich, verwendet wird – besonders von Sammlern – die weißbunte Form 'Variegata', das Weißbunte Knäuelgras oder Silbersprudelgras.
Das niedrige Ziergras entwickelt einen gerade fußhohen Horst. Auffällig sind die schmalen, weißgestreiften Blätter, die, geschickt gesetzt, eine Anlage sehr beleben können. Feuchte bis mäßig trockene Plätze werden bevorzugt. Eine Vermehrung ist durch Teilung leicht möglich.

Festuca cinerea
Blauschwingel

Festuca cinerea ist in Europa weit verbreitet. Viele Sorten haben lokale Bedeutung.
Das 15–20 cm hoch wachsende Gras bildet schöne, geschlossene halbkugelige Büschel. Ausgesprochen attraktiv sind die bläulichen, schmalen Blätter, die eine seltene Farbe in den Steingarten bringen. Die Blütenrispen erscheinen im Mai/Juni.
F. cinerea stellt keine besonderen Ansprüche. Die Pflanze liebt allerdings sonnige Plätze, kommt aber mit fast jedem durchlässigen, etwas humosen Gartenboden zurecht. Trockenheit wird vertragen, sommerliche Nässe weniger. Eine Mauerkronenpflanzung ist möglich.
Vermehrt wird durch Teilung im Frühjahr. Die Teilung ist außerdem ein Teil der Pflege, da dieses Gras im Alter von innen heraus vergreist. *Festuca* samen sich aber auch leicht selbst aus.

DAS PFLANZENBREVIER

Festuca ovina
Schafschwingel

Festuca ovina ist in Europa und Nordafrika verbreitet, im nordöstlichen Nordamerika eingebürgert. Im Handel gibt es mehrere Sorten, die sich unter anderem in Höhe und Blattfarbe unterscheiden.

Das Gras erreicht nur eine Höhe von 20 cm. Die immergrünen Blätter stehen steif aufrecht und sind grün bis graugrün gefärbt. Wie schon gesagt, besitzen die Sorten teilweise andere Färbungen und Wuchshöhen. Die grazilen Blütenrispen erscheinen im Juni/Juli und überragen die Blätter um einiges. Der Schafschwingel liebt sonnige Plätze auf durchlässigen, warmen Böden. Trockenheit und auch halbschattige Standorte werden vertragen. Auf zu nährstoffreichen Gartenböden verliert die Pflanze oft ihr typisches Aussehen, da sie von Natur aus magere Standorte bevorzugt. Eine Pflanzung auf der Mauerkrone ist möglich. Einige Gartenformen besitzen Blätter in schönen Blautönen. Über das Sortenangebot erkundigt man sich beim Fachhändler.

Festuca scoparia
Bärenfellschwingel

Der Bärenfellschwingel stammt aus den Pyrenäen.

Das hübsche Ziergras erreicht eine Wuchshöhe von bis zu 10 cm und kann dichte Rasenpolster bilden. Das hellgrüne Blatt ist fadenförmig fein und behält auch im Winter seine Farbe. Die gelbgrünen Blütenrispen überragen ab Mai das Laub um das Doppelte.

Festuca scoparia verlangt halbschattige bis absonnige Plätze, an sonnigen Standorten dagegen wird man keine Freude an dem Gras haben. Der Boden sollte sandig und durchlässig sein,

Helictotrichon sempervirens, Blaustrahlhafer

mageres Erdreich ist besser als zu nährstoffreiches. Das Gras gedeiht auch gut auf Mauerkronen. Vermehrt wird durch Teilung.

Helictotrichon sempervirens
Blaustrahlhafer

Der Blaustrahlhafer ist in vielen Büchern noch unter seinem alten botanischen Namen *Avena sempervirens* zu finden. Er stammt aus dem westlichen Mittelmeergebiet und Frankreich.

Die Pflanze wird 50–60 cm hoch. Die sehr schön bläulichgrau gefärbten Blätter sind immergrün. Die grazilen Blütenrispen erscheinen im Juli/August. Sie stehen aufrecht hoch über den Blättern. Durch sein Erscheinungsbild ist der Blaustrahlhafer eines der beliebtesten Ziergräser und hat einen festen Platz in unseren Gärten. Das anspruchslose Ziergras liebt sonnige Plätze mit durchlässigem, humosem, kalkhaltigem Erdreich. Eine Vermehrung ist durch Teilung von April bis Juni möglich.

Empfohlen werden kann die Sorte 'Pendula', die mit ihren bogig überhängenden Blütenständen sehr dekorativ aussieht.

Luzula nivea, Schneemarbel

Festuca ovina, Schafschwingel

GRÄSER

Festuca scoparia, Bärenfellschwingel

Stipa capillata, Büschelhaargras

Koeleria glauca
Blaukammschmiele, Schillergras

Das Schillergras stammt aus Mittel- und Osteuropa sowie West- und Mittelasien.

Das bis zu 40 cm hoch werdende Gras ist von grau- bis blaugrüner Farbe. Es wächst aufrecht und buschig. Die Stengel sind am Grunde zwiebelartig verdickt. Die grünlichen Rispen erscheinen im Juni mit zahlreichen Blüten.
Koeleria glauca liebt sonnige Plätze in sandiger, eher magerer Gartenerde. Nicht zu feuchte, durchlässige Böden sind für eine Pflanzung zu bevorzugen. Vermehrt wird durch Teilung im Mai/Juni oder durch Aussaat.

Luzula nivea
Schneemarbel

Luzula nivea ist in den Alpen, Mittelfrankreich, den Pyrenäen und Apenninen beheimatet.

Das Gras wird bis 40 cm hoch. Die immergrünen Blätter sind am Rand mehr oder minder stark bewimpert. Die Rispen zeigen sich im Juni/Juli an schneeweißen Blütenständen. Halbschattige bis schattige Plätze werden bevorzugt. Der Boden sollte humos und durchlässig sein. Die Schneemarbel eignet sich zur Unterpflanzung von Gehölzen. Eine Vermehrung ist durch Teilung und Aussaat möglich.

Melica ciliata
Wimperperlgras

Das Wimperperlgras ist in Europa weit verbreitet.

Dieses schöne Ziergras kann durchaus eine Höhe von 60 cm erreichen, bleibt oft aber etwas kleiner. Die Blätter stehen aufrecht und sind graugrün gefärbt. Sehr hübsch sind die im Mai bis Juni erscheinenden Blütenrispen, die später einen gelblichen Farbton annehmen.

Die wärme- und kalkliebende *Melica*-Art verlangt sonnige Plätze auf durchlässigen Böden. Sie gedeiht auch auf der Mauerkrone sehr gut. Das Wimperperlgras wird durch Teilung im Frühjahr oder durch Aussaat vermehrt.

Poa glauca
Hechtblaues Rispengras

Poa glauca ist in Europa bis zu den Pyrenäen und Nordgriechenland verbreitet; außerdem kommt das Gras in Grönland und den arktischen Gebieten bis nach Alaska vor. Es wird oft noch mit dem alten botanischen Namen *P. caesia* bezeichnet.

Wie der deutsche Name schon verrät, besitzt dieses Rispengras blaugrün bereifte, überlaufene Blätter. Das schöne, polsterförmige Gras wird 10 cm hoch. Die Blütenrispen im Juni/Juli überragen das Laub um 10 bis 25 cm.
P. glauca liebt sonnige Standorte und trockene, durchlässige Böden. Auch auf der Mauerkrone und in Trögen fühlt sich die Pflanze wohl. Vermehrt wird durch Aussaat oder Teilung.

DAS PFLANZENBREVIER

Sesleria caerulea, Blaugras

Stipa barbata, Reiherfedergras

Stipa pennata, Federgras

Sesleria caerulea
Blaugras, Blaues Kopfgras

Dieses attraktive Gras ist in Europa weit verbreitet. Das horstartige, bis zu 25 cm hoch wachsende Blaugras besitzt, wie schon der Name andeutet, blau bereifte, schmale Blätter. Die Blütenähren erscheinen von April bis Juni, manchmal schon im März.
Gutes Gedeihen verspricht ein sonniger Standort und kalkhaltige, mehr oder weniger nährstoffreiche Erde. Eine Pflanzung auf der Mauerkrone ist möglich. Vermehrt wird durch Teilung im Frühjahr.

Stipa barbata
Reiherfedergras

Das Reiherfedergras stammt aus dem Mittelmeergebiet.
Es erreicht eine Höhe von 80 cm. Die schmalen und langen Blätter können sich am Rand einrollen. Ausgesprochen attraktiv sind die silberseidigen Blütenrispen, die das Laub überragen und elegant bogig überhängen. Sie erscheinen im Juli/August.
Diese *Stipa*-Art liebt einen Platz in der Sonne. Das Erdreich sollte kalkhaltig, trocken und durchlässig sein. Eine Pflanzung auf der Mauerkrone ist möglich. Vermehrt wird durch Aussaat.

Stipa capillata
Büschelhaargras, Büschelfedergras

Das im Mittelmeergebiet und den Südalpen bis Sibirien verbreitete Büschelhaargras ist ein prächtiges Ziergras.
Eine Wuchshöhe von 100 cm ist keine Seltenheit. Die Blätter sind steif, schmal und wachsen aufrecht. Die silbrigen, langbegrannten Blütenrispen erscheinen im Juni/Juli.
Die Pflanze liebt Sonnenplätze und durchlässige, trockene und kalkhaltige Böden. Vermehrt wird durch Aussaat oder Teilung.

Stipa pennata
Federgras, Mädchenhaargras, Flauschfedergras

Das Federgras stammt aus Süd-, Südwest- und Mitteleuropa.
Die Wuchshöhe kann bis zu 60 cm betragen. Die schönen, federartigen, flauschigen Grannen schmücken die Pflanze von Juni bis Juli.
Das pflegeleichte Gras liebt sonnige Lagen in durchlässiger Gartenerde. Eine Pflanzung auf der Mauerkrone ist möglich. Als Vermehrungsmethode wird die Aussaat empfohlen.

Farne

Adiantum pedatum
Pfauenradfarn, Hufeisenfarn

Asplenium ruta-muraria, Mauerraute

Dieser hübsche Farn stammt unter anderem aus Nordamerika und Asien. Eine Zwergsorte befindet sich unter dem Namen 'Imbricatum' (Zwergpfauenradfarn) im Handel. Manchmal wird sie auch unter anderen Namen angeboten.

Die Art erreicht eine mittlere Höhe von 50 cm. Die handförmigen Wedel sitzen auf hohen, drahtigen, dunklen Stielen. Die Pflanze treibt relativ früh im Jahr (Mitte April) mit dem typischen, wurmförmigen Stengelwerk aus.

Wie alle Farne muß *Adiantum pedatum* im lichten Halbschatten oder Schatten beziehungsweise an absonnigen Stellen stehen, um sich wohl zu fühlen. Die Pflanze liebt feuchtes, humoses Erdreich. Waldboden wäre ideal, ist aber in der Regel im Garten nicht vorhanden. Die Sorte 'Imbricatum', der Zwergpfauenradfarn oder Dachziegelfarn, bleibt mit 20–25 cm kleiner. Sie stellt dieselben Ansprüche wie die Art. Man sollte ihr nur schwach wachsende Nachbarn geben, da der grazile Farn ansonsten rasch verdrängt wird.

Asplenium ruta-muraria
Mauerraute

Dieser Farn ist in fast ganz Europa, Vorderasien, im Himalaja und im östlichen Nordamerika verbreitet.

Mit einer mittleren Höhe von 10 cm bleibt die Mauerraute sehr niedrig. Die Wedel sind von dreieckig-ovalen, dunkelgrünen Blättchen besetzt.

Wie der Name schon verrät, wird dieser Farn in Spalten oder Mauerfugen angesiedelt. Er ist eine ausgesprochene

Adiantum pedatum, Pfauenradfarn

Asplenium trichomanes, Steinfeder

Pflanze für Trockenmauern, vorausgesetzt, seine Standortansprüche werden erfüllt. Halbschattige bis absonnige Plätze und humoser, feuchter Boden sind für ein gutes Gedeihen maßgeblich. Kalk wird vertragen. *Asplenium ruta-muraria* siedelt sich auch von alleine an geeigneten Stellen im Garten an.

Asplenium trichomanes
Braunstieliger Streifenfarn, Steinfeder

Dieser Kosmopolit der gemäßigten und subarktischen Zonen sowie der Gebirge warmer Länder beider Halbkugeln erreicht eine Höhe von 15 cm. Der Name dieses Farns stammt von seinen rotbraunen bis schwarzbraunen Wedelstielen. Die Blättchen sind dunkelgrün gefärbt und von rundlicher Form.

Wie sein Verwandter *Asplenium ruta-muraria* handelt es sich bei diesem Farn um einen ausgesprochenen Mauerbewohner. Halbschattige bis absonnige Plätze und humoses, feuchtes Erdreich sind Voraussetzung für ein gutes Gedeihen. *A. trichomanes* ist einer der dankbarsten und pflegeleichtesten Farne für den Garten, daher sollte er in einer Steingartenanlage nicht fehlen.

*Athyrium filix-femina 'Minutissima',
Zwergfrauenfarn*

Blechnum spicant, Rippenfarn

*Polypodium interjectum, Gesägter
Tüpfelfarn*

Athyrium filix-femina
Frauenfarn

Der Frauenfarn ist in Europa, Nordwestafrika, Asien, Nordamerika, Mexiko und Südamerika weit verbreitet. Bei uns werden einige Gartenformen mit verschiedenen Wuchshöhen und Blattformen kultiviert.

Die Art erreicht eine Höhe von 70 cm. Die Wedel können bis zu 100 cm lang werden. Sie sind sehr fein gefiedert und hellgrün. Auch dieser Farn muß im Halbschatten bis Schatten, zum Beispiel von Gehölzen, beziehungsweise an absonnigen Plätzen stehen. Er verlangt feuchtes, humoses Erdreich.

Die Gartenformen variieren in Höhe und Wedel- beziehungsweise Blättchenform. 'Minutissima', der Zwergfrauenfarn, entwickelt nur 30 cm lange Wedel. Die Fiedern von 'Victoriae', dem Harpunenfrauenfarn, bilden ein ungewöhnliches, regelmäßiges Kreuzmuster. Diese Sorte ist in den Gärten weit verbreitet und wegen ihrer sonderbaren Erscheinung sehr beliebt. 'Frizelliae', 'Plumosum' und 'Rotstiel' sind weitere Sorten; es gibt noch eine Reihe anderer. Auskunft über sein Angebot gibt der Fachhändler.

Athyrium niponicum 'Metallicum'
Japanischer Regenbogenfarn, Brokatfarn

Die Art stammt aus Korea, China und Taiwan. Die Sorte 'Metallicum' wird vielerorts kultiviert und ist sehr beliebt. Der Name stammt von der schönen, rötlichen und purpurnen Färbung von Rippen und Adern – ein ausgesprochen attraktiver Farn. Die Wedel erreichen eine Länge von 45–75 cm. Sie sind sehr brüchig, daher muß man beim Setzen vorsichtig sein. Da die Pflanze erst im Mai austreibt, wird sie in der Regel nicht von Spätfrösten geschädigt. Der Brokatfarn liebt humoses, feuchtes Erdreich (Waldhumusboden). Lichter Schatten ist Voraussetzung für gutes Gedeihen.

Blechnum spicant
Rippenfarn

Europa, Nordafrika, Kleinasien, China, Japan und einige andere Länder sind die Heimat von *Blechnum spicant*. Es gibt verschiedene Sorten im Handel. Der schöne Farn erreicht eine Höhe von 20 cm. Er bildet schöne, dichte Horste. Die Blättchen sind derb und glänzend grün. Sie behalten auch im Winter ihre Farbe.

Der sehr zu empfehlende Rippenfarn liebt halbschattige bis schattige Plätze. Das Erdreich sollte humos, feucht und kalkarm sein (Waldhumusboden).

Phyllitis scolopendrium
Hirschzungenfarn

Die Art kommt unter anderem in Europa, dem Kaukasus, Vorderasien, Nordafrika, Japan und dem östlichen Nordamerika vor. In den Gärten erfreuen sich verschiedene Sorten großer Beliebtheit.

Diese interessante und wertvolle Pflanze wird bis zu 40 cm hoch, die ungefiederten, sattgrünen Wedel können eine Länge von 60 cm erreichen. Die Blätter sind immergrün und breit-lanzettlich.

Halbschattige bis schattige Standorte und ein feuchter, humoser Boden (Waldhumusboden) sind Voraussetzung für ein gutes Gedeihen. Kalk wird

FARNE

Phyllitis scolopendrium 'Undulata', Hirschzungenfarn

Polypodium vulgare, Engelsüß

vertragen. Eine Pflanzung auf der Mauerkrone (beschatteter Standort!) ist möglich.

Im Handel gibt es verschiedene Gartenformen, die in Wuchshöhe und Wedel- beziehungsweise Blattform variieren. 'Crispa', der Wellenhirschzungenfarn, besitzt sehr schön gewellte Blattränder. Diese Sorte wird hoch bewertet und oft verwendet. 'Cristat', der Hahnenkamm-Hirschzungenfarn, entwickelt Wedel, die am Rande gekräuselt sind und kammartige Gebilde am Ende hervorbringen. 'Marginata' und 'Undulata' sind weitere Formen. Über sein Sortenangebot gibt der jeweilige Fachhändler Auskunft.

Polypodium interjectum
Gesägter Tüpfelfarn, Großer Tüpfelfarn

Dieser immergrüne Farn stammt aus West- und Nordeuropa. Einige Gartenformen mit stark gefiederten Wedeln sind besonders hübsch.

Die Art entwickelt einfach gefiederte Wedel, die bis zu 60 cm lang und 15 cm breit werden können. Die Pflanze liebt einen halbschattigen bis schattigen Platz in humosen, feuchten Böden. Sie ist auch für eine Pflanzung auf der Mauerkrone geeignet (Ansprüche berücksichtigen!).

Die verschiedenen Sorten sind für den Gärtner interessanter als die Art. An erster Stelle ist 'Cornubiense', der Cornwall-Federtüpfelfarn aus England zu nennen. Die sehr fein zerteilten Wedel sind besonders hübsch und bleiben kürzer als die der Art. Weitere Formen sind 'Cambricum', 'Hadwinii' und 'Semilacerum'. Über sein Angebot informiert der Fachhändler.

Polypodium vulgare
Tüpfelfarn, Engelsüß

Der Tüpfelfarn ist in Europa, Asien, Südafrika, aber auch auf Hawaii verbreitet. Es werden mehrere Sorten kultiviert.

Die schönen, immergrünen Wedel erreichen eine Länge von 50 cm, können allerdings auch um einiges kleiner bleiben. Sie hängen leicht über, stehen aber ansonsten aufrecht.

Dieser Farn verlangt einen halbschattigen bis schattigen Platz in humosem, feuchtem und leicht saurem Erdreich. Er kann auch auf Mauerkronen gepflanzt werden, wenn die Licht- und Bodenverhältnisse stimmen. *Polypodium vulgare* ist zäh und widerstandsfähig, daher läßt sich der Farn gut im Garten verwenden.

Polystichum aculeatum
Glanzschildfarn

Der Glanzschildfarn ist in Europa, Ostasien und Nordafrika weit verbreitet. Einige Sorten werden kultiviert, die man allerdings oft nur schwer im Gartenfachhandel finden kann.

Die Wedel dieses einheimischen Farns können eine Länge von 80 cm erreichen. Sie bilden einen bis zu 120 cm breiten Trichter und hängen am Ende elegant über.

Ein feuchter, humoser Boden (Waldhumusboden) und ein Standort im Halbschatten oder Schatten ist für ein gutes Gedeihen wichtig. Ansonsten stellt *Polystichum aculeatum* keine besonderen Ansprüche. Die Pflanze gehört mit zu den dauerhaftesten und wertvollsten Farnen im Garten.

DAS PFLANZENBREVIER

Polystichum setiferum 'Proliferum', Südlicher Schildfarn

Zwiebel- und Knollengewächse

Allium flavum
Gelber Lauch

Diese *Allium*-Art stammt aus Mittel- und Südeuropa, dem Kaukasus und Westasien. Einige Gartenformen sind erhältlich.

Die Pflanze erreicht eine mittlere Höhe von 30 cm. Die Blüten sitzen auf 20 bis 40 cm hohen Schäften. Sie sind, wie der deutsche Name schon verrät, sehr schön gelb gefärbt. Die Blütezeit liegt im Juni und Juli. Stiele und Blätter besitzen eine bläulichgrüne Farbe, die gut zum Gelb der Blumen paßt.

Der Gelbe Lauch liebt einen sonnigen Standort und durchlässiges Erdreich; dort verwildert er gerne. Andere Bodenansprüche stellen die pflegeleichten Gewächse nicht. Winterschutz ist bei allen *Allium*-Arten im Pflanzjahr zu empfehlen.

Allium moly
Goldlauch

Goldlauch stammt aus Ostspanien und Südwestfrankreich. Er erreicht eine Höhe von 25–30 cm. Das blaugrüne Blatt wirkt sehr schön im Kontrast zu den goldgelben Blütendolden, die im Mai/Juni ihre ganze Pracht zeigen. Die sternförmigen Einzelblütchen besitzen einen besonderen Reiz.

Allium moly wünscht einen halbschattigen Standort. Der Boden sollte durchlässig sein. Man legt die Zwiebeln im Herbst 5–8 cm tief. Ein Winterschutz ist notwendig. Die Pflanze neigt zur Selbstaussaat und zum Verwildern. Vermehrt wird durch Aussaat und auch durch die Aufzucht von Brut- oder Tochterzwiebeln.

Polystichum setiferum
Südlicher Schildfarn, Weicher Schildfarn

Diese Farnart ist in den milden klimatischen Bereichen der gemäßigten Zonen weit verbreitet. Es werden eine ganze Reihe von Sorten kultiviert, die teilweise wild gefunden wurden. Sie unterscheiden sich in Wedellänge, Blattfarbe und Erscheinungsbild.

Die Art entwickelt bis zu 100 cm lange Wedel und einen bis zu 120 cm breiten Trichter. Halbschattige bis schattige Standorte und ein humoses, feuchtes Erdreich sind für gutes Gedeihen notwendig. Die Sorten besitzen dieselben Ansprüche wie die Art.

Die Gartenform 'Plumosum Densum', der Flaumfeder-Filigranfarn, ist eine sehr schöne Sorte mit bis zu 50 cm langen, fein zerteilten Wedeln. 'Proliferum' entwickelt prächtige, weitausladende, bis zu 50 cm lange Wedel. Es handelt sich um die bekannteste Gartenform dieser Art. Es gibt noch einige andere Sorten. Über sein Angebot informiert der Fachhändler.

Woodsia obtusa
Wimperfarn, Großer Wimperfarn

Woodsia obtusa ist in Nordamerika weit verbreitet. Bei uns wird er nur relativ selten kultiviert.

Der mittelgroße, grazile Farn kann bis zu 30 cm hoch werden. Die gefiederten Wedel sind grün, die Stiele am Grunde rötlichgelb gefärbt.

Der Große Wimperfarn ist eine Liebhaberpflanze und verlangt einige Sorgfalt, um gut gedeihen zu können. Dazu gehören ein halbschattiger bis schattiger Standort und durchlässige, humose Erde (Waldhumusboden).

ZWIEBEL- UND KNOLLENGEWÄCHSE

Anemone blanda
Reizendes Windröschen, Strahlenanemone

Das Reizende Windröschen ist in Südosteuropa, dem Kaukasus und Vorderasien beheimatet. Es gibt einige Gartenformen. 'Atrocoerulea', eine wunderbare, dunkelviolettblaue Sorte, kann empfohlen werden.

Das ausgesprochen hübsche Gewächs erreicht eine Höhe bis zu 15 cm. Die Blüten erscheinen je nach Sorte in den schönsten Rosa- und Blautönen sowie in Weiß. Blütezeit ist, abhängig von der Sorte, von Februar bis April.

Die Pflanze liebt einen sonnigen Platz in kalkhaltigem, humosem und leichtem Boden. Man steckt die Knollen im Herbst 5–7 cm tief. Da *Anemone blanda* nicht winterhart ist, braucht sie einen Reisigschutz während der kalten Jahreszeit. Vermehrt wird durch Aussaat – oder Teilung der Rhizome.

Allium moly, Goldlauch

Chionodoxa sardensis, Schneestolz

Chionodoxa sardensis
Schneestolz

Chionodoxa sardensis stammt aus Kleinasien. Die kleine Zwiebelpflanze erreicht nur eine Höhe von 15 cm. Die enzianblau gefärbten Blüten mit weißem Streifen in der Mitte erscheinen im April.

Der Schneestolz gehört zu den beliebtesten und dauerhaftesten Frühlingsblumen und stellt keine besonderen Ansprüche. Er verträgt einen Sonnenplatz genauso wie einen Standort im Halbschatten. Frischer, humoser Gartenboden ist empfehlenswert. Die Zwiebeln legt man im September/Oktober etwa 8–10 cm tief. Vermehrt wird durch Brutzwiebeln oder Samen.

Allium flavum, Gelber Lauch

DAS PFLANZENBREVIER

Crocus chrysanthus
Krokus

Diese *Crocus*-Art stammt aus Südosteuropa und Kleinasien. Es sind viele attraktive Sorten im Handel, die sich besonders in der Blütenfarbe unterscheiden. Da ist für jeden Geschmack etwas dabei – und fehlen sollte der Krokus in keinem Garten.

Die bekannten und beliebten Knollenpflanzen erreichen eine Höhe von 5–8 cm. Die Art und alle Sorten besitzen eine bauchige Blüte mit gelbem Schlundfleck. Die Blütezeit reicht von Februar bis April.

Die Frühlingsboten verlangen im Frühjahr einen feuchten Boden in sonniger Lage, auch ein halbschattiger Platz wird noch vertragen. Im Sommer muß das Erdreich trockener sein, zumindestens gut wasserdurchlässig. Man legt die Knollen im Herbst je nach Größe 5–10 cm tief. Die Krokusknollen sind sehr empfindlich gegen Beschädigungen, die oft nicht verheilen, sondern schimmeln. Daher muß man beim Legen vorsichtig sein.

Einige Sorten sollen an dieser Stelle kurz genannt werden: 'Blue Bird' entwickelt blaue Blüten mit weißen Rändern an den äußeren Segmenten. 'Creame Beauty' bildet sehr schöne, cremegelbe Blüten. 'Princess Beatrix' blüht lilablau mit gelber Basis. Es gibt noch eine ganze Reihe anderer empfehlenswerter Sorten. Über sein Angebot informiert der Fachhändler.

Cyclamen hederifolium
Alpenveilchen

Diese *Cyclamen*-Art ist von Südfrankreich bis in die Westtürkei sowie auf Korsika und Sardinien weit verbreitet. Bei uns gibt einige Sorten. Diese Art gilt als bestes *Cyclamen* für den Garten. Die Pflanze erreicht eine Höhe von 10–15 cm. Die Blätter sind sehr verschieden; manchmal erinnern sie an Efeulaub. Wenn sich im Steingarten die Blütenpracht dem Ende zuneigt, dann erscheinen die zarten Blüten des Alpenveilchens in Tönen von Dunkelrosa über Hellrosa bis Weiß. Die späte Blütezeit von August bis November macht die Pflanzen für Steingartenanlagen interessant und wertvoll.

C. hederifolium braucht einen leicht beschatteten Platz in humosem, wasserdurchlässigem, kalkhaltigem Erdreich. Winterschutz wird angeraten. Man legt die Knollen im März/April etwa 5–10 cm tief.

Cyclamen purpurascens
Alpenveilchen

Diese *Cyclamen*-Art ist im gesamten Alpengebiet weit verbreitet. Sie erreicht eine Höhe von 10–15 cm. Die schöne Pflanze entwickelt herz- bis nierenförmige Blätter, oft mit silbriger Zeichnung. Die Blüten erfreuen uns von Juli bis Oktober in herrlichen rosa Tönen. Selten gibt es auch reinweiße mit rosa Zeichnung oder andere. Sie verbreiten einen angenehmen Duft.

Crocus chrysanthus, Krokus

Eranthis hyemalis, Winterling

Cyclamen hederifolium, Alpenveilchen

Cyclamen purpurascens, Alpenveilchen

ZWIEBEL- UND KNOLLENGEWÄCHSE

Iris danfordiae, Schwertlilie

Iris reticulata, Schwertlilie

Ein leicht beschatteter Platz in humusreichem, kalkhaltigem Boden ist anzuraten. Die Knolle wird im März/April 5–10 cm tief gelegt. Die Pflanze soll giftig sein.

Eranthis hyemalis
Winterling

Der allbekannte Frühlingsbote ist in Süd- und Mitteleuropa weit verbreitet. Er erreicht eine Wuchshöhe von 10 cm. Die Pflanze gehört zu den ersten Blühern im Garten. Wenn die hübschen, hellgelben Blüten im Februar erscheinen, weiß man, das der Winter dem Ende zugeht. Der frühe Blühtermin gab *Eranthis hyemalis* auch den deutschen Namen.
Der Winterling liebt neutrale, frische und humose Böden an leicht beschatteten Standorten. Volle Sonne kann das Laub verbrennen. Man legt die Knollen im September/Oktober etwa 5–8 cm tief. Die Pflanze ist giftig.

Iris danfordiae
Schwertlilie

Diese *Iris*-Art stammt aus dem Taurus. Sie gehört mit zu den frühesten Blühern im Garten. Im März entfaltet sie ihre schönen, gelben Blüten. Das Gewächs bleibt mit einer Höhe von 10–15 cm relativ niedrig.
I. danfordiae bevorzugt einen sonnigen Standort in leichtem, durchlässigem Boden. Die Zwiebeln legt man im August/September etwa 10 cm tief. Vermehrt wird durch die Aufzucht von Brutzwiebeln.

Iris reticulata
Schwertlilie, Zwiebeliris

Diese *Iris*-Art stammt aus dem Kaukasus, aus Kleinasien, dem Irak und Iran. Bei uns gibt es einige Sorten in unterschiedlichen Blütenfarben.
I. reticulata erreicht eine Höhe von 10–20 cm. Die herrlichen Blüten öffnen sich ab Februar, oft, wenn noch Schnee liegt. Es gibt himmelblaue und dunkelblaue, violette und purpurne, ein- und zweifarbige Gartenformen. Einige verbreiten einen angenehmen Geruch.

Das Gewächs liebt einen sonnigen Platz in leichtem, sandigem Boden. Auch auf niedrigen Trockenmauern wachsen sie hervorragend. Man legt die Zwiebeln im August oder September 8–10 cm tief. Vermehrt wird in der Regel durch Brutzwiebeln.
Einige empfehlenswerte Sorten sollen an dieser Stelle genannt werden: 'Cantab' erreicht eine Höhe von 10 cm, manchmal auch mehr, und blüht hellblau mit gelborangefarbenem Fleck. 'J. S. Dijt' entwickelt sehr schöne, rötlichpurpurne Blüten, die süßlich duften. 'Harmony' blüht gleichmäßig himmelblau. Die Art selbst blüht violettpurpur mit gelbem Fleck.

Muscari armeniacum
Traubenhyazinthe

Die Traubenhyazinthe stammt aus Jugoslawien, Bulgarien, Griechenland, Kleinasien und aus dem Kaukasus. Es gibt mehrere Sorten in verschiedenen Blautönen.
Die Blüten der Traubenhyazinthe erreichen je nach Sorte eine Höhe von bis zu 25 cm, meist bleiben sie aber kleiner. Die glockenförmigen, ansprechenden Blumen erscheinen im April und verbreiten einen angenehmen Duft. Sie blühen in allen möglichen Blautönen, oft mit weißen Spitzen.
Ein sonniger bis halbschattiger Platz auf durchlässigem Boden wird bevorzugt. Die Zwiebeln legt man im September/Oktober 12–15 cm tief. Man pflanzt immer mehrere zusammen. Aussaaten blühen erst nach einigen Jahren.
Empfehlenswerte Gartenformen sind 'Blue Spike' und 'Heavenly Blue'. Über das Angebot an Sorten erkundigt man sich beim Fachhändler.

DAS PFLANZENBREVIER

Ornithogalum umbellatum, Stern von Bethlehem

Ornithogalum umbellatum
Stern von Bethlehem

Diese anspruchslose *Ornithogalum*-Art ist in Europa weit verbreitet, im östlichen und mittleren Nordamerika eingebürgert.

Der Stern von Bethlehem erreicht eine Höhe von bis zu 25 cm. Die weißen, sternförmigen Blüten zeigen ihre schlichte Schönheit im April/Mai. Die Blumen öffnen sich zwischen 10 und 15 Uhr.

Das hübsche Gewächs bevorzugt sonnige Plätze an eher trockenen Standorten. Man legt die Zwiebeln im September/Oktober 8–10 cm tief. Die Pflanze neigt etwas zum Verwildern.

Sternbergia lutea, Sternbergie

Sternbergia lutea
Sternbergie, Goldkrokus, Gewitterblume

Diese Pflanze wurde nach dem Botaniker Kaspar Graf Sternberg benannt.

Die Blätter erreichen eine Länge von 25 cm, meist bleiben sie kleiner. Die schönen, kräftiggelben Blüten sitzen auf etwa 5 cm hohen Stielen. Sie erscheinen im September/Oktober und beleben den Steingarten zu einer Zeit, wenn der Flor dort schon fast vorbei ist. Die späte Blütezeit macht sie besonders wertvoll.

Die Pflanzen lieben sonnige Plätze auf gut dränierten und nährstoffreichen Böden. Winterschutz ist notwendig, vernässen dürfen die Zwiebeln auch während der kalten Jahreszeit auf keinen Fall. Man legt die Zwiebeln in kleinen Kolonien im Juli/August etwa 10 cm tief. *Sternbergia lutea* ist giftig.

Tulipa-Kaufmanniana-Hybride, Tulpe

Tulipa-Greigii-Hybriden
Tulpen

Die Art *Tulipa greigii* wird wegen ihrer Schönheit auch „Königin der Tulpen" genannt. Sie erreicht eine Wuchshöhe von 25 cm und entwickelt offenglokkige, scharlachrote Blüten mit einem schwarzen, gelb umrandeten Grundfleck. Die Farben der Gartenformen variieren von Gelb bis Rot, auch gestreifte Sorten werden angeboten. Die äußeren Blütenblätter sind in der Regel etwas kürzer als die inneren und biegen sich am Rand leicht nach außen. Heute gibt es jede Menge verschiedenster Hybriden in unterschiedlichsten Farben. Die Blütezeit liegt allgemein im April/Mai.

Diese Pflanzen lieben einen sonnigen, durchlässigen Standort. Im Frühjahr sind sie gegen Trockenheit empfindlich und müssen unter Umständen gegossen werden. Man legt die Zwiebeln im September/Oktober 10–20 cm tief.

Tulipa-Greigii-Hybride, Tulpe

SOMMERBLUMEN

Sommerblumen

Bei den Steingärtnern alter Schule ist es verpönt, gärtnerische Züchtungsprodukte in der Anlage zu tolerieren. Auch Sommerblumen haben dort überhaupt nichts zu suchen. Ein Steingarten muß getreu der Natur nachgeahmt sein, und hier gilt die Flora der Gebirgswelt als Vorbild.

Im Hobbygarten sind diese sehr strengen Vorgaben wohl weit überzogen, zumal sich jeder in seinem eigenen grünen Reich das schaffen sollte, was ihm gefällt. Manche Universitätsinstitute forschen sogar über neue Sommerblumen für den Steingarten. Außerdem besitzen diese Gewächse zwei große Vorteile. Zum einen bringen sie Farbe während der üblicherweise blütenarmen Monate in die Anlage (ab Juli), zum zweiten lassen sich Lücken, zum Beispiel durch früh einziehende Knollen- und Zwiebelpflanzen, ausgleichen. Bei der Auswahl der richtigen Pflanzen muß man allerdings behutsam vorgehen. Nicht jede Sommerblume gehört in den Steingarten. Von Tagetes und Zinnien ist zum Beispiel abzusehen. Außerdem dürfen nicht zu viele dieser bunten Gewächse in die Anlage „gepackt" werden. Nachfolgend wird eine Auswahl von sieben Sommerblumen vorgestellt, die sich für Steingärten eignen. Diese Liste erhebt keinen Anspruch auf Vollständigkeit. Und wie bereits gesagt, sollte man die Pflanzen setzen, die Freude machen und besonders gefallen.

Brachyscome iberidifolia, Blaues Gänseblümchen

Über das Angebot an verschiedenen Blütenfarben informiert man sich beim Fachhändler.

Tulipa-Kaufmanniana-Hybriden
Tulpen

Die Art *Tulipa kaufmanniana* wird bis zu 20 cm hoch. Die breitglockigen Blüten erscheinen im März/April in einem schönen Cremeweiß mit gelbem Fuß. Es gibt auch gelbe und sogar rote Formen. Da sich die Blütenblätter oftmals nach außen spreizen, entstand der Name Seerosentulpe.

Die Pflanzen lieben sonnige Plätze auf durchlässigen Böden. Da sie im Frühjahr auf Trockenheit empfindlich reagieren, muß man bei entsprechenden Witterungsbedingungen gießen.

Manche Gärtner empfehlen einen Winterschutz. Die Zwiebeln legt man im September/Oktober 10–20 cm tief. Es gibt verschiedene Gartenformen. Über das Angebot informiert der Fachhändler.

Brachyscome iberidifolia
Kurzschopf, Brachycome, Blaues Gänseblümchen

Der Kurzschopf ist vom nördlichen Südaustralien bis nach Westaustralien beheimatet. Bei uns gibt es diese Pflanze erst seit einigen Jahren, trotzdem erfreut sie sich schon eines hohen Bekanntheitsgrades und ist sehr beliebt. Es werden verschiedene Sorten in den unterschiedlichsten Blütenfarben kultiviert.

Der aufrecht wachsende Kurzschopf erreicht eine Höhe von bis zu 30 cm. Die feinen, fadenförmigen Blättchen stehen zu den Korbblüten in gutem Kontrast. Das Farbspektrum reicht von Weiß über Rot zu Blauviolett. Der Blütenflor dauert von Juli bis September. Während dieser Zeit öffnet der wertvolle Dauerblüher unablässig zahlreiche Blumen, die einen angenehmen Duft verbreiten.

Das Blaue Gänseblümchen liebt durchlässige, nährstoffreiche Böden an warmen, sonnigen Plätzen. Es ist empfindlich gegen Nässe und zu große Trockenheit. Im Sommer sollte man daher bei langen Hitzeperioden gießen – unter Umständen auch zweimal täglich.

Vermehrt wird durch Aussaat im März/April unter Glas. Ab Mitte Mai oder später kann man die Pflanzen dann an ihren Platz im Steingarten setzen. Auch Direktsaat am vorgesehenen Standort ist möglich.

Chrysanthemum parthenium
Mutterkraut, Kugelwucherblume

Chrysanthemum parthenium stammt aus dem Balkan, Kleinasien und dem Kaukasus. Die Pflanze ist mittlerweile in vielen anderen Ländern eingebürgert. Sie gehört eigentlich zu den Stauden, wird allerdings bei uns in der Regel einjährig gezogen. Oft hört man noch den alten botanischen Namen *Matricaria parthenium*.

Die Korbblütler erreichen sortenabhängig eine Höhe zwischen 20 und 70 cm. Sie wachsen aufrecht und besitzen fiederspaltige, hellgrüne Blätter. Die Pflanze verbreitet einen etwas eigenwilligen Geruch. Wunderschön sind die großen, runden Blüten, die sich von Juni bis September zahlreich öffnen. Es gibt weiße und gelbe Sorten.

Die Kugelwucherblume liebt einen sonnigen Platz in normaler Gartenerde. Vermehrt wird durch Aussaat im Februar/März unter Glas. Ab Mitte Mai oder später kommen die hübschen Pflanzen an ihre Standorte im Freien. Für Steingärten sind vor allem die kompakt wachsenden und niedrig bleibenden Sorten (20–30 cm Wuchshöhe) zu empfehlen.

Felicia bergeriana
Felicie, Kapaster

Die schöne Felicie stammt aus Südafrika. Sie wird auch noch oft unter ihrem alten botanischen Namen *Aster bergerianus* geführt. Leider sind diese Pflanzen oder ihre Samen nur selten zu bekommen.

Felicia bergeriana bleibt mit 15 cm Wuchshöhe ziemlich klein. Die einjährige, behaarte Pflanze besitzt schmale, längliche Blätter. Die Blütezeit ist leider nur sehr kurz und dauert von Juli bis August. Doch in dieser Zeit schmückt sich die Felicie mit wunderschönen, lebhaft leuchtendblauen Blüten. An ihnen zusagenden Standorten und in warmen Sommern entlohnt die Pflanze ihre kurze Blütezeit mit überreicher Blüte.

Diese schöne Sommerblume liebt sonnige Standorte auf durchlässigen Böden. Vermehrt wird durch Aussaat im Frühjahr.

Lobularia maritima
Duftsteinrich

Der dankbare Duftsteinrich ist ein altbekannter Lückenbüßer für freie Plätze im Garten. Oft wird er noch unter dem alten botanischen Namen *Alyssum maritimum* geführt.

Lobularia maritima erreicht sortenabhängig eine Wuchshöhe zwischen 10 und 30 cm und bildet dichte Teppiche. Die verzweigten Stengel tragen zahlreiche dichte Blütentrauben. Das Farbspektrum reicht von Weiß über Rosa zu Violett. Die Blütezeit dauert von Juni bis September. Die Blüten duften angenehm (deutscher Name!) und stellen eine ausgezeichnete Bienenweide dar.

Die Blumen lieben sonnige Standorte in durchlässigem, nicht zu magerem Erdreich. Kalk wird gut vertragen. Nach der Hauptblüte schneidet man zurück, dann setzen die Pflanzen noch einmal Blüten an. Vermehrt wird durch Aussaat. Die Samen legt man von Mitte April bis Juni direkt ins Freiland (beste Keimtemperatur 18° C).

Melampodium paludosum
Sterntaler

Die schöne Pflanze stammt aus Louisiana (USA) und dem nördlichen Südamerika. Auf Sri Lanka und in Südostasien ist der Korbblütler weit verbreitet. Diese neue Sommerblume

Chrysanthemum parthenium, Mutterkraut

Lobularia maritima, Duftsteinrich

bekommt man bei uns leider noch selten. Die Sorte 'Medaillon', eine mittelhohe Auslese, wird angeboten. In den nächsten Jahren kann man mit weiteren Formen rechnen.

Das hübsche, buschige Gewächs erreicht eine Wuchshöhe von 30 bis 40 cm. Die goldgelben, 2–3 cm großen, schalenförmigen Blüten mit orangegelber, aufgewölbter Mitte öffnen sich unermüdlich vom Auspflanzen bis zum Frosteintritt.

Der Sterntaler liebt sonnige Plätze auf ausreichend feuchten Böden. Vermehrt wird durch Aussaat unter Glas im Februar/März. Wenn keine Spätfröste mehr zu erwarten sind, kommt die Pflanze ins Freie.

SOMMERBLUMEN

Melampodium paludosum, Sterntaler

Sanvitalia procumbens, Goldrandblume

Portulaca grandiflora, Portulakröschen

Portulaca grandiflora
Portulakröschen, Großblütiger Portulak

Diese Sommerblume ist in Mittel- und Südosteuropa weit verbreitet.

Das kleine Portulakröschen erreicht eine Wuchshöhe bis zu 15 cm. Die niederliegenden, fleischigen Triebe tragen stäbchenförmige, ebenfalls fleischige Blätter. Die endständigen Blüten erscheinen von Juni bis August in den schönsten Farben. Die Skala reicht von Weiß über Gelb und Orange bis zu Rosa und Violett. Es gibt ungefüllte und gefüllte Formen. Im Handel werden meist Mischungen unterschiedlicher Sorten angeboten.

Die Pflanzen verlangen durchlässigen, nicht zu nahrhaften und eher trockenen Boden in der Sonne. Im Halbschatten und auf zu nährstoffreichem Erdreich läßt die Blütenpracht zu wünschen übrig, ebenso in verregneten Sommern. Nasse und schwere Erde verträgt das Portulakröschen überhaupt nicht.

Vermehrt wird durch Aussaat. Man kann ab März unter Glas vorziehen. Auch Direktsaat ist – besonders in wärmeren Gegenden – möglich.

Sanvitalia procumbens
Goldrandblume, Husarenknopf

Diese blütenreiche Blume stammt aus Mexiko und Guatemala. Sie erreicht eine Wuchshöhe von bis zu 20 cm. Die gelben Blütenkörbchen mit schwarzer, hochgewölbter Mitte stehen im Kontrast zu den grünen, spitz-eiförmigen Blättern. Es gibt gefüllte und ungefüllte Sorten. Die Blütenfarbe variiert von Gelb bis Orange.

Der Husarenknopf verlangt einen sonnigen Standort auf durchlässigem Erdreich. Er ist ansonsten recht anspruchslos. Vermehrt wird durch Aussaat ab März unter Glas.

PFLEGE RUND UMS JAHR

PFLEGE RUND UMS JAHR

Frühling

Winterschutz entfernen: Ab März muß nach und nach der Winterschutz entfernt werden. Man nimmt zuerst bei den Pflanzen die Fichten- oder Tannenzweige weg, bei denen die Knospen bereits sprießen. Wenn stärkere Nachtfröste drohen oder empfindliche Pflanzen kultiviert werden, kann man abends die Zweige wieder auflegen.

Generalreinigung: Alles Vertrocknete und alle stehen gelassenen Blütenstände werden entfernt. Erfrorenes schneidet man in der Regel bis ins lebende Holz zurück.

Neugepflanzte Stauden: Im Herbst gepflanzte Stauden werden im Winter durch den Frost oft hochgehoben. Diese Pflanzen drückt man im Frühjahr wieder richtig fest.

Nachpflanzungen bei Ausfällen: Sind zum Beispiel durch Mäusefraß, Fäulnis oder Frost Gewächse eingegangen, kann jetzt nachgepflanzt werden.

Wässern: Immergrüne und Koniferen sollte man an frostfreien Tagen wässern, damit sie nicht vertrocknen. Dasselbe gilt für neugepflanzte Stauden.

Düngen: Wenn die Pflanzen deutlich zu wachsen beginnen, kann gedüngt werden. Im Frühjahr gibt man stickstoffbetonten Dünger. Bringen Sie nicht zu viele Nährstoffe ein, damit Unkraut und auch die Steingartenpflanzen nicht mastig und üppig wachsen. Bei einem gut mit organischem Material versorgtem Boden ist eine Düngung oft nicht nötig.

Unkraut regelmäßig entfernen: Keimendes Unkraut sollte man sofort und gründlich entfernen.

Umpflanzen: Mit Beginn der Vegetationsperiode können Stauden umgepflanzt werden. Ausnahme bilden die sehr früh blühenden Stauden. Sie werden nach der Blüte verpflanzt.

Verblühtes entfernen: Am Ende des Frühjahrs schneidet man von großen Zwiebelpflanzen, wie zum Beispiel Narzissen und Tulpen, alles Verblühte ab, damit die ganze Kraft für die Ausbildung der Zwiebel verwendet werden kann. Kleine Zwiebelpflanzen wie Krokus kann man zur Samenreife kommen lassen. Sie säen sich dann selbst aus, können allerdings unter Umständen zur Plage werden. Auch bei Rhododendren muß immer alles Verblühte entfernt werden. Am besten bricht man die Blüten mit der Hand aus. Vorsicht: Die neuen Knospen befinden sich direkt unterhalb des alten Blütenstandes, sie dürfen nicht aus Versehen mit entfernt werden. Bei Blaukissen, Steinkraut und Sonnenröschen schneidet man die welken Blüten mit einer Schere aus. Dadurch kommt es nicht zur unkontrollierten und massenhaften Vermehrung dieser Pflanzen, außerdem erreicht man dadurch eine längere Blütezeit.

Schnitt vorfrühlings- und frühlingsblühender Gehölze: Diese Gehölze werden unmittelbar nach der Blüte zurückgeschnitten.

Sommer

Wässern: In Trockenperioden sollte man besonders neugepflanzte Gewächse morgens und/oder abends wässern. Auch Trockenmauern und bewachsene Tuffsteine dürfen nicht vergessen werden. Man kann dabei auch recht gut mit einem Wasserzerstäuber arbeiten.

Düngen: Ab Ende Juni wird phosphor- und kaliumbetont gedüngt. Doch tun Sie nicht zuviel des Guten. In einem gut versorgten Steingartenboden ist eine Düngung oft gar nicht nötig. Hat man für genügend organischen Nachschub im Frühling beziehungsweise Herbst gesorgt, ist eine zusätzliche Nährstoffgabe meist überflüssig.

Unkraut und sich selbst aussäende Pflanzen laufend entfernen: Achten Sie darauf, daß das Unkraut regelmäßig und vollständig ausgerissen wird. Auch nicht erwünschte Pflanzen, die sich selbst ausgesät haben, werden sofort beseitigt.

Verblühtes entfernen: Wie bereits im Frühjahr beschrieben, muß auch im Sommer weiterhin das Verblühte regelmäßig abgeschnitten oder ausgebrochen werden.

Stark wachsende und wuchernde Pflanzen stutzen: *Ajuga reptans*, Günsel, und *Omphalodes verna*, Gedenkemein, sind beispielsweise Gewächse, die regelmäßig geschnitten werden müssen, da sie sonst den Boden und ihre Pflanzennachbarn überwuchern. Am besten hebt man diese Gewächse hoch und entfernt einige untere Triebe an der Basis.

Samenstände abschneiden: Falls Sie keine Samen ernten wollen und auch keine Selbstaussaat wünschen, müssen die Samenstände regelmäßig entfernt werden, bevor sie zur Ausreife kommen.

Samenstände ernten für eine Eigensaatvermehrung: Wenn Sie an einer eigenen Samenernte Interesse haben, müssen Sie ab Juli mit dem Sammeln beginnen. Kurz vor der Vollreife werden die Fruchtstände geerntet und anschließend getrocknet. Später löst man die Samen einzeln heraus und bewahrt sie bis zur Aussaat trocken auf (keine Plastiktüten, besser offene Papiertüten verwenden).

Herbst

Wässern: In Trockenperioden gießt man morgens und/oder abends. Ab Ende Herbst müssen die Immergrünen und Koniferen durchdringend gewässert werden. Da sie auch im Winter über die Blätter viel Feuchtigkeit verdunsten, können sie ohne diese Maßnahme vertrocknen. Es ist ihnen nicht möglich, aus dem gefrorenem Boden Wasser aufzunehmen.

Düngen: Jetzt darf auf keinen Fall mehr Stickstoff gegeben werden, da die Gewächse, besonders die Gehölze, sonst noch einmal einen Wachstumsschub haben würden und nicht genügend ausreifen können. Diese neuen Triebe sind im Winter besonders gefährdet.

Organisches Material einbringen und Erdreich ersetzen: Es wirkt sich im allgemeinen positiv auf das Pflanzenwachstum und die Blühfreudigkeit aus, wenn im Herbst (Oktober/November, mindestens alle zwei Jahre) eine Mischung aus Gartenerde und gut vererdetem Kompost, eventuell vermischt mit Gesteinsmehl, um die Pflanzen gestreut wird. Dadurch bringt man Nährstoffe und organisches Material in den Steingarten und sorgt für eine dauerhafte Bodenfruchtbarkeit. Für Gewächse, die spezielle Bodenansprüche besitzen (zum Beispiel Rhododendron), wird die entsprechende Mischung hergestellt und ausgestreut. Ausgewaschenes beziehungsweise fehlendes Erdreich wird durch diese Maßnahme ersetzt, besonders in senkrechten Mauerfugen, aber auch auf der Mauerkrone.

Unkraut und sich selbst aussäende Pflanzen entfernen: Auch im Herbst müssen Unkraut und unerwünschte, Pflanzen ausgerissen werden.

Stark wachsende und wuchernde Pflanzen stutzen: Wie bereits im „Sommer" beschrieben, müssen wuchernde Pflanzen soweit eingedämmt werden, daß sie die Nachbarpflanzen nicht verdrängen.

Winterschutz anbringen: Ende Herbst wird es Zeit, empfindlichen Pflanzen – besonders an Südhängen – einen Winterschutz aus Fichten- und Tannenzweigen zu geben.

Trogsteingärten: Transportable, bepflanzte Tröge und Kästen werden vor Frosteintritt an ihren Überwinterungsort in Schuppen, ins Treppenhaus oder ins Frühbeet eingeräumt. Nicht transportierbare deckt man winterfest ein.

Winter

Wässern: An frostfreien Tagen werden Immergrüne und Koniferen sowie neugepflanzte Stauden gewässert, damit keine Trockenschäden auftreten.

Schnitt sommer- und herbstblühender Gehölze: Diese Gehölze werden in der Ruhezeit – allerdings nicht bei Frost – geschnitten.

Schnee abschütteln: Von den Immergrünen und Koniferen sollte man den Schnee abschütteln, wenn durch große Massen Astbruch droht. Bedenken Sie, daß nasser Schnee sehr schwer ist.

Aussaat von Frostkeimern: Wenn man selbst Pflanzen aussäen will, muß man das oft im Winter tun. Die Samen vieler Steingartenpflanzen benötigen Frosteinwirkung, um keimen zu können (siehe auch Seite 52).

Winterschutz wegnehmen: Ende des Winters müssen Fichten- und Tannenzweige entfernt werden, unter denen bereits die Knospen sprießen. Nachts kann man den Winterschutz wieder auflegen, wenn stärkere Nachtfröste drohen und empfindliche Pflanzen kultiviert werden.

DIE TIERWELT

DIE TIERWELT

Wissenswertes

Anders als bei den Pflanzen können wir Tiere nicht einfach kaufen und zwischen unsere Steine setzen. Man muß etwas Geduld haben. Aber meist ergreifen die Tiere doch recht schnell von kleinen Biotopen wie Steingärten und Gartenteichen Besitz. Wer Glück hat, kann schon während des Baues beobachten, wie verschiedene Insekten neugierig das neue Bauwerk umschwirren. Ein richtig bepflanzter Steingarten oder eine Trockenmauer werden nicht lange unbewohnt bleiben. Und bei einem kann man sich sicher sein – hat sich ein Tier niedergelassen und findet ausreichend Ernährungs- und Brutmöglichkeiten, wird es auch bleiben.
Trockenmauern und Steinhaufen bieten Eidechsen, Kröten, Spinnen und Ameisen einen Lebensraum. Auch Asseln, Laufkäfer und Falter erobern bald das Biotop. Sogar einige Vogelarten können sich einfinden, die besonders gern in Mauerhöhlungen brüten. Blindschleichen und Molche wählen Spalten ab und zu als Winterquartier. Falls eine Wasserstelle vorhanden ist, können Frösche zuwandern.

Keine Tiere aus der Natur entnehmen!

Auf ein Gesetz sei ausdrücklich hingewiesen, auf das Naturschutzgesetz. Man darf keine geschützten Tiere in der freien Natur fangen und mitnehmen – selbst dann nicht, wenn man sie bei sich im Garten aussetzen will. Das ist verboten und wird geahndet! Außerdem wird niemand lange Freude an den gefangenen Tieren haben, da sie in der Regel nicht an dem Ort bleiben, der ihnen aufgezwungen wird.
Also: Sie müssen schon warten, bis sich die Tiere „freiwillig" bei Ihnen ansiedeln. Wenn Sie die richtigen Voraussetzungen dafür schaffen, dann bleiben die Tiere bestimmt nicht fern.

Reptilien

Reptilien oder Kriechtiere, wie sie auch heißen, sind wechselwarme Wirbeltiere. Da sie auf Sonnenwärme angewiesen sind, ist es verständlich, daß ihr größtes Verbreitungsgebiet in den Tropen und Subtropen liegt. Krokodile, Schildkröten und Chamäleons gehören zur Klasse der Kriechtiere. Doch davon soll hier nicht die Rede sein. In der Bundesrepublik Deutschland gibt es zwölf einheimische Reptilienarten. Nahezu alle sind im Rückgang begriffen. Die meisten Arten genießen gesetzlichen Schutz. Zum Beispiel sind die Äskulap- und Würfelnatter, die Aspisviper, die Smaragdeidechse und die Europäische Sumpfschildkröte vom Aussterben bedroht, die Mauereidechse und die Kreuzotter stark gefährdet.
Reptilien beanspruchen Reviere, die sie während der Paarungs- und Brutzeit paarweise besetzen und verteidigen. Einige Arten benötigen sehr große Areale, Kreuzottern zum Beispiel ein Gebiet von mehreren Hektar. Daher ist es verständlich, daß wir diesen Tieren in unserem Garten selten einen adäquaten Lebensraum bieten können. Einige Reptilienarten siedeln sich allerdings bei uns im Garten in Trockenmauern und schützenden Steinen gern an, zum Beispiel Mauereidechsen,

Zauneidechse, Lacerta agilis

Zauneidechsen und Blindschleichen. Die beiden letzten kommen vielerorts noch häufig vor, mancherorts gehen sie allerdings auch drastisch zurück. In den wärmsten Gegenden Deutschlands siedeln sich auch seltenere Arten, wie zum Beispiel die Smaragdeidechse, an.
Die schlimmsten Feinde der Reptilien in unseren Gärten sind Katzen und Hausgeflügel. Falls Sie selbst diese Haustiere halten oder regelmäßigen Katzenbesuch bekommen, dann sollten einige Teile der Trockenmauer oder Steinanhäufungen mit Maschendraht überspannt werden, so daß die Tiere eine sichere Zuflucht finden.

achten, daß während der Vegetationszeit immer einige ungestörte, nicht zuwachsende Sonnenplätze zur Verfügung stehen. Am besten sind freie Steinanhäufungen oder Trockenmauern, denn die Steine geben in den Abendstunden Wärme ab, die die wechselwarmen Eidechsen anzieht.

Ganz wichtig für die erfolgreiche Ansiedelung der Zauneidechsen sind geeignete Plätze für die Eiablage. Diese Eidechsen legen ihre runden Eier in den warmen Sand – meist auf der Südseite – und lassen sie von der Sonne ausbrüten.

Lacerta muralis
Mauereidechse

Die Mauereidechse ist eine wärmeliebende Art aus der Familie der Echten Eidechsen. In Deutschland lebt sie verstärkt am Mittelrhein, Neckar, Oberrhein und an der Donau. Sie bevorzugt trockenes, sonniges Gelände, zum Beispiel Gemäuer und Weinberge.

Das Männchen ist oberseits bräunlich bis grau gefärbt und schwarz gefleckt oder mit einem Netzmuster versehen. Das Weibchen besitzt dunkelbraune, hell gesäumte Längsbänder an den Flanken. Die Tiere werden bis zu 20 cm lang. Der Schwanz kann zwei Drittel der Körperlänge ausmachen.

Im Sommer legt die Mauereidechse zwei- bis dreimal Eier in selbst gegrabene Erdlöcher. Nach 6–8 Wochen schlüpfen die Jungen.

Mauereidechsen sind stark gefährdet und stehen unter gesetzlichem Schutz.

Anguis fragilis
Blindschleiche

Blindschleichen können bis zu 50 cm lang werden. Oberseits sind sie blaugrau bis graubraun, mitunter glänzend kupfer- oder bronzefarben gefärbt mit meist einer dünnen, schwarzen Mittellinie und dunkler Längsstreifung. Unterseits sieht man eine schwarze bis blaugraue Färbung.

Lacerta agilis
Zauneidechse

Die Zauneidechse wird 20–24 cm lang. Die Färbung ist variabel, oberseits braun oder grau mit einem breiten, dunklen Längsband und weißlichen Flecken. Unterseits sind die Männchen grünlich, die Weibchen gelblich mit schwarzen Flecken. Die Flanken färben sich im Frühjahr beim Männchen leuchtend grün.

Insekten und deren Larven, aber auch Würmer und Schnecken stehen auf dem Speiseplan der Zauneidechsen. Da sie ihren Opfern auflauern und sie mit den Augen erst verfolgen, bevor sie zuschnappen, verlangen sie freie Sicht und Sonne. Daher muß man darauf

Blindschleiche, Anguis fragilis

DIE TIERWELT

Blindschleichen fressen Nacktschnekken, kleine Insekten und Regenwürmer. Sie leben in feuchten, aber sonnigen Wiesen, in Hecken sowie an Weg- und Waldrändern. Unter moderndem Holz, Laubhaufen und in Kompostmieten sind Blindschleichen zu finden. Wichtig für ihre Ansiedelung sind allerdings auch warme, trockene Plätze, wo sie sich sonnen können. Die Tiere schlagen gern in tiefen Spalten von Mauern und Steinhaufen ihr Winterquartier auf.

Tagpfauenauge auf Sedum, Fetthenne

Insekten

Die Insekten bilden die umfangreichste Großgruppe im Tierreich mit ein bis anderthalb Millionen Arten. Libellen, Ohrwürmer, Hummeln und Wanzen gehören genauso dazu wie Läuse und Schaben. Da einige Steingartenpflanzen mit zu den frühesten Blühern im Garten gehören, versammeln sich hier gern die verschiedensten Insekten, um das noch rare Nahrungsangebot zu nutzen.

Ab und zu bauen Hummeln in den Ritzen oder Spalten einer Trockenmauer oder eines steinigen Hangs ein Nest. Wenn man Glück hat, kann man ein Hummelweibchen beobachten, das im Frühjahr direkt über der Bodenoberfläche entlang fliegt auf der Suche nach einem geeigneten Hohlraum für ihr Nest.

Einige Schmetterlinge werden von bestimmten Pflanzen magisch angezogen. So locken Astern Tagfalter, zum Beispiel den Kleinen Fuchs, an. Folgende Gewächse sind typische Tagfalterpflanzen: Karthäusernelke und andere Nelkenarten, Kornrade, Vergißmeinnicht, verschiedene Distel-, Flokkenblumen- und Skabiosenarten. Ferner ist der aus China stammende Schmetterlingsstrauch zu nennen – er ist ein „Faltermagnet". Außerdem sind die Blüten hoher *Sedum*-Arten geeignete Nahrungsquellen für diese Tiere. Planen Sie daher die ein oder andere genannte Pflanze in ihren Steingarten ein. Sie bieten damit den tagaktiven Schmetterlingen eine Nektarquelle. Oft beobachtet man, daß die Schmetterlinge von Blüte zu Blüte tanzen, dann aber den Garten wieder verlassen. Das liegt zum Teil daran, daß zahlreiche Tierarten Nahrungsspezialisten sind. Bekannte Beispiele sind Tagpfauenauge und Kleiner Fuchs, deren Raupen sich fast ausschließlich auf ausgedehnten Brennesselbeständen entwickeln können. Finden die Schmetterlinge diese Gegebenheiten nicht vor, dann bleiben sie nur zeitweilig im Garten, um sich dann wieder auf die Suche zu machen.

Käfer finden sich schnell an Trockenmauern und in Steinansammlungen ein. Oft wandern diese Insekten noch während der Bautätigkeit zu.

Amphibien

Amphibie kommt von dem griechischen Wort amphibios, was im Wasser und auf dem Lande lebend bedeutet. Kröten leben oft am Mauerfuß, jedoch auch in größeren Steinhaufen. Die Erdkröte *(Bufo bufo)* trifft man häufig an. Geburtshelferkröten *(Alytes obstetricans)* und Kreuzkröten *(Bufo calamita)* finden sich nur selten ein. In tiefen Spalten schlagen manchmal sogar Molche ihr Winterquartier auf. Andere Tiere dieser Gruppe, zum Beispiel Frösche, siedeln sich nur dann im Steingarten oder in der Nähe an, wenn sie eine Wasserstelle vorfinden beziehungsweise sich ein Teich in nächster Nähe befindet.

ANHANG

ANHANG

Bezugsquellen

Diese Liste erhebt keinen Anspruch auf Vollständigkeit. Pflanzen erhalten Sie auch bei vielen Gärtnereien und Gartencentern.

Steingartenpflanzen und Zwerggehölze

BUNDESREPUBLIK DEUTSCHLAND

Botanischer Alpengarten
F. Sündermann
8990 Lindau/B.

Johann Lintner
Nieder-Ofleidener Staudenkulturen
Unterstraße 11
6313 Homberg/Ohm 3

Dr. Hans Simon
8772 Marktheidenfeld

Staudengärtnerei Gräfin von Zeppelin
7811 Sulzburg-Laufen/Baden

SCHWEIZ

Garten- und Staudenkulturen
CH-8461 Wildensbuch ZH

Steinmaterial

Unter den Stichworten „Natursteine" und „Steinbrüche" finden Sie im Branchenfernsprechbuch die Adressen ortsansässiger Firmen. Telefonisch erhalten Sie Auskunft über Qualität und Preise. Vor Ort sollten die Steine besichtigt werden, bevor man sich zum Kauf entschließt.
Tuffsteine – falls nicht bei den ortsansässigen Firmen zu bekommen – gibt es bei
Albrecht Höfer
Tuffsteinwerk
7346 Wiesensteig

Steintröge

Im Branchenfernsprechbuch finden Sie unter „Natursteine", „Gartenbaubedarf" und „Gartenschmuck" die eine oder andere Fachfirma, die auch Steintröge verkauft. Allerdings führen nicht alle dort aufgeführten Adressen diese Ware.

Quellsteine (auch Selbstbausets)

Einige Natursteinfirmen führen Selbstbausets. Erkundigen Sie sich telefonisch bei ansässigen Firmen, die Sie im Branchenfernsprechbuch unter „Springbrunnen" finden.

Bodenuntersuchungen

BUNDESREPUBLIK DEUTSCHLAND

Landwirtschaftliche Untersuchungs- und Forschungsanstalt
Mars-la-Tour-Straße 4
2900 Oldenburg

Hessische landwirtschaftliche Versuchsanstalt
Am Versuchsfeld 13
3500 Kassel-Harleshausen
und
Rheinstraße 91
6100 Darmstadt

Landesanstalt für landwirtschaftliche Chemie
Emil-Wolff-Straße 14
7000 Stuttgart-Hohenheim

Bayerische Hauptversuchsanstalt für Landwirtschaft
8050 Freising-Weihenstephan

ÖSTERREICH

Bundesanstalt für Bodenwirtschaft
Denisgasse 33
A-1200 Wien

SCHWEIZ

Eidgenössische Forschungsanstalt für Obst-, Wein- und Gartenbau
Schloß
CH-8820 Wädenswil

Register

Halbfette Seitenzahlen verweisen auf den Haupteintrag eines Begriffs, kursive Seitenzahlen verweisen auf Abbildungen.

A

Abies balsamea 'Nana' 72, *73*
Ablagerungsgestein 30
Absenker 55
— bei Rhododendron 55
Acer
— japonicum 'Aconitifolium' 62
— japonicum 'Aureum' *62*
Adiantum pedatum 101, *101*
Adonisröschen 76, *77*
Adonis vernalis 76, *77*
Ahorn, Japanischer 62, *62*
Akelei 78
Allium
— flavum 104, *105*
— moly 104, *105*
Almenrausch 49, 70, *71*
Alpen 8
Alpenakelei 78
Alpenaster 79, *79*
Alpenaurikel 14, 24, **89**, *89*
Alpenbalsam 84
Alpendistel 84–85, *84*
Alpenedelweiß 24, **87**, *87*
Alpengarten 8–9, *8*
Alpenglöckchen 94, *94*
Alpenpflanzen 8
Alpenrose 70, *71*
— Rauhblättrige 70, *71*
— Rostblättrige 70, *71*
Alpenveilchen 106–107, *106*
Alpenwaldrebe 64, *64*
Alpinenhaus 27, *27*
Alpinum 8–9
Alyssum
— saxatile 23, **76–77**
— saxatile 'Plenum' 77
Alytes obstetricans 120
Ameise 118
Amphibien 120
Amygdalus nana 70
Androsace
— sarmentosa 77, *77*
— sempervivoides 77
Anemone blanda 105
Anguis fragilis 119–120, *119*
Anlage des Steingartens 40–41
Anlageplan 38
Antennaria dioica 14, **78**, *78*
Aquilegia 78
— alpina 78, *78*

— discolor 78
— vulgaris 78
Arabis caucasica 23, **78–79**, *78*
Arctostaphylos uva-ursi 62, *62*
Arenaria montana 79
Armeria
— maritima 23, **79**
— maritima 'Düsseldorfer Stolz' 78
Äskulapnatter 118
Asphodeline lutea 79, *79*
Aspisviper 118
Asplenium
— ruta-muraria 25, **101**, *101*
— trichomanes 25, **101**, *101*
Aster
— alpinus 79, *79*
— bergerianus 110
— dumosus 80
— dumosus 'Herbstgruß vom Bresserhof' 80
— Dumosus-Hybride 80
Athyrium
— filix-femina 102
— filix-femina 'Minutissima' *102*
— niponicum 'Metallicum' 102
Aubrieta
— Hybride 14, 24, **80**
— Hybride 'Blue Emperor' *80–81*
— x culturum 80
Aurikel, Echte 14, 24, **89**, *89*
Aussaat 52–53
— der Frostkeimer *52–53*
Auswahl der Pflanzen 48–49
Avena sempervirens 98

B

Balkanginster 67, *67*
Balsamtanne 72, *73*
Bärenfellschwingel 14, 25, **98**, *99*
Bärentraube, Gemeine 62, *62*
Bartblume 13, 23, **64**, *64*
Basalt 30, *30*
Bastard-Bartblume 13, **64**, *64*
Bau
— der Trockenmauer 41–45
— des Steingartens 39–41
— des Trockenmauerwalls 45
Bepflanzung
— der Mauerritze 50, *51*
— der Trockenmauer 23
— des Steingartens 19, 41
— des Trogsteingartens 12–14
— des Tuffsteins *15*, 16, *16*
Berberis
— buxifolia 'Nana' 13, 23, **62–63**, *62*

— thunbergii 63
— thunbergii 'Bagatelle' *63*
Berberitze 13
— Buchsblättrige 13, 23, **62–63**, *62*
— Thunbergs 63, *63*
Bergholzkiefer 13, 67, **75**, *75*
Betula nana 63, *63*
Binder 44
Bitterwurz 24, **87**
Blattlaus 58, *58*
Blattsteckling 54
Blaues Gänseblümchen 109, *109*
Blaues Kopfgras 25, **100**, *100*
Blaugras 25, **100**, *100*
Blaukammschmiele 14, **99**
Blaukissen 14, 24, **80**, *80–81*
Blauschwingel 25, **97**, *97*
Blaustrahlhafer 98, *98*
Blechnum spicant 102, *102*
Bleiwurz 82, *83*
Blindschleiche 119–120, *119*
Blumenzwiebelpflanzer 51
Blutstorchschnabel 86
Boden 33–35
— Vorbereitung für die Pflanzung 34–35, 49
Bossierhammer 44, *44*
Brachyscome 109, *109*
— iberidifolia 109, *109*
Braunstieliger Streifenfarn 25, **101**, *101*
Briza media 97, *97*
Brokatfarn 102
Buchsblättrige Berberitze 13, 23, **62–63**, *62*
Buddleie 63, *63*
Buddleja alternifolia 63, *63*
Bufo
— bufo 120
— calamita 120
Büschelfedergras 100
Büschelhaargras 100

C

Campanula
— carpatica 14, 24, **81**, *81*
— portenschlagiana 14, 24, **81**
— portenschlagiana 'Birch Hybrid' 80
Carex buchananii 97
Carlina acaulis 82, *82*
Caryopteris
— incana 13, 23, **64**, *64*
— x clandonensis 13, **64**, *64*
Cerastium tomentosum 24, **82**, *82*

Ceratostigma plumbaginoides 82, *83*
Chamaecyparis pisifera 'Nana' 72, *73*
Chinasedum, Reichblühendes 92
Chionodoxa sardensis 105, *105*
Chrysanthemum parthenium 110, *110*
Clematis
— alpina 64, *64*
— tangutica 64–65, *64*
Cotinus coggygria 65, *65*
Cotoneaster
— horizontalis 65, *65*
— praecox 65, *65*
Crocus chrysanthus 106, *106*
Cyclamen
— hederifolium 106, *106*
— purpurascens 106–107, *106*
Cytisus
— decumbens 23, **66**, *66*
— x beanii 13, 23, **66**

D

Dachhauswurz 94, *94*
Dachwurz 14, 25, **92–93**
Dactylis glomerata 97
Dalmatiner Glockenblume 14, 24, **81**, *81*
Daphne cneorum 13, 23, **66**, *66*
Dianthus
— deltoides 82, *83*
— graniticus 48
— gratianopolitanus 82–83, *83*
— plumarius 24, **83**
Dickblättriges Schneepolstersedum 24, **92**, *92*
Doronicum orientale 83
Draba brunifolia 14, 24, **83**, *83*
Dränage 40–41, 44, *44*
Dryas 84
— octopetala 24, **84**, *84*
— x suendermannii 24, **84**
Duftsteinrich 110, *110*
Düngung 56–57
— mineralische 56, **57**
— organische 56, **57**

E

Eberwurz 82, *82*
Echte Aurikel 14, 24, **89**, *89*
Echter Lavendel 13, 23, **68**, *69*
Echter Mehltau 57, *57*
Edelgamander 95, *95*
Efeu 67, *67*

123

ANHANG

Ehrenpreis 95
Eibe Repandens 76
Einbindtiefe 44
Eisenmangel 59, *59*
Engelsüß 103, *103*
Enzian, Stengelloser 85, *85*
Eranthis hyemalis 106, *107*
Erdkröte 120
Erdmischung für die
 Trockenmauer 35
Erdreich für den Steingarten 34
Eremurus
 – bungei 84
 – stenophyllus 84, *84*
Erica
 – carnea 66–67, *67*
 – herbacea 13, **66–67**, *67*
Erinus alpinus 84
Ernährung, mangelhafte 58–59
Erstarrungsgestein 30
Eryngium alpinum 84–85, *84*
Eselsohren 94, *95*
Europäische Sumpf-
 schildkröte 118

F

Fächerfelsenmispel 65, *65*
Fächerzwergmispel 65, *65*
Farne 101–104
 – Pflanzung 50
 – Pflanzzeit 49
Fäustel 44, *44*
Federgras 100, *100*
Federnelke 24, **83**
Feldthymian 14, 25, **95**, *95*
Felicia bergeriana 110
Felicie 110
Felsen 29–31
Festuca
 – cinerea 25, **97**, *97*
 – ovina 25, **98**, *98*
 – scoparia 14, 25, **98**, *99*
Fetthenne 92
 – Scharfe 24, **91**, *91*
Fichte, Gemeine 74–75
Fingerkraut 68–69, *69*
Fisettholz 65, *65*
Flachmeißel 44, 45
Flauschfedergras 100, *100*
Frauenfarn 102, *102*
Frosch 120
Frostkeimer, Aussaat 52–53
Frostschäden 59, *59*
Frühlingsaster 79, *79*
Frühlingsheide 13, **66–67**, *67*
Frühlingsmispel 65, *65*
Frühlingszwergginster 23, **66**, *66*
Fuchs, Kleiner 120
Fuchsrote Segge 97
Fugen 44

G

Gänseblümchen, Blaues 109, *109*
Gänsekresse 23, **78–79**, *78*
Geburtshelferkröte 120
Gehölze
 – Pflanzung 50, *50*
 – Pflanzzeit 49
Geißklee 13, 23, **66**, *66*
Gelber Lauch 104, *105*
Gemeine Bärentraube 62, *62*
Gemeine Fichte 74–75
Gemswurz 83
generative Vermehrung 52–53
Genista lydia 67, *67*
Gentiana
 – acaulis 85, *85*
 – septemfida 85
 – septemfida var.
  lagodechiana 85
 – sinoornata 85, *85*
Geranium
 – dalmaticum 14, 24, **85**
 – sanguineum 86
Geröll 29–31
Geröllbeet 19, *19*
Gesägter Tüpfelfarn 25,
 102–103, **103**
Gesteinskunde 30
Gesteinslehrpfad 20
Gewitterblume 108, *108*
Ginster 13, 23, **66**, **67**, *67*
Glanzschildfarn 103
Glockenblume,
 Dalmatiner 14, 24, **81**, *81*
Gneis 30, *30*
Goldflachs 88, *88*
Goldkrokus 108, *108*
Goldlauch 104, *105*
Goldrandblume 111, *111*
Granit 30
Gräser 97–100
 – Pflanzung 50
 – Pflanzzeit 49
Grasnelke 23, *78*, **79**
Grauschimmel 57, *58*
Großblütiger Portulak 111, *111*
Größe des Steingartens 38–39
Großer Tüpfelfarn 25,
 102–103, **103**
Großer Wimperfarn 104
Gypsophila repens 14, 24, **86**

H

Hangsteingarten 18
Hauswurz 14, 25, **92–93**
Hechtblaues Rispengras 14,
 25, **99**
Hedera
 – helix 67
 – helix 'Ovata' 67, *67*

Heidenelke 82, *83*
Helianthemum-Hybride 86, *86*
Helictotrichon sempervirens
 98, *98*
Herbstenzian 85, *85*
Herbstkissenaster 80, *80*
Herzzittergras 97, *97*
Hirschzungenfarn 25,
 102–103, *103*
Hornkraut 24, **82**, *82*
Hornveilchen 96, *96*
Hufeisenfarn 101, *101*
Hummel 120
Hungerblümchen 14, 24, **83**, *83*
Husarenknopf 111, *111*
Hypericum
 – calycinum 68, *69*
 – 'Hidcote' 68, *69*

I

Iberis
 – saxatilis 24, **86–87**, *86*
 – sempervirens 87, *87*
Igelfichte 74
Ilex crenata 68, *69*
Insekten 120
Iris
 – danfordiae 107, *107*
 – reticulata 107, *107*
Islandmohn 88, *89*

J

Japanahorn 62, *62*
Japanischer Ahorn 62, *62*
Japanischer Regenbogen-
 farn 102
Japanische Stechpalme 68, *69*
Johanniskraut 68, *69*
Juniperus
 – communis 72–73
 – communis 'Repanda' 73
 – sabina 74
 – sabina 'Tamariscifolia' 74
Junkerlilie 79, *79*

K

Käfer 120
Kaliummangel 59, *59*
Kalkstein 31
Kapaster 110
Karpatenglockenblume 14, 24,
 81, *81*
Katzenpfötchen 14, **78**, *78*
Kauf der Pflanzen 49
Kissenaster 80, *80*
Kissenfichte 13, **74**
Kleiner Fuchs 120
Knäuelgras 97
Knollenpflanzen 104–109

 – Pflanzung 50–51
 – Pflanzzeit 49
Koeleria glauca 14, **99**
Kopfgras, Blaues 25, **100**, *100*
Kopfsteckling von Laubge-
 hölzen 54, *54*
Krankheiten 57–59
Kreuzfuge 43, *43*
Kreuzkröte 120
Kreuzotter 118
Kriechendes Schleierkraut 14,
 24, **86**
Kriechtiere 118–120
Kriechweide 72, *72*
Krokus 106, *106*
Krummholzkiefer 13, **75**, *75*
Küchenschelle 90, *91*
Kugelprimel 90, *91*
Kugelwucherblume 110, *110*
Kuhtritt 96, *96*
Kurzschopf 109, *109*

L

Lacerta
 – agilis *118–119*, 119
 – muralis 119
Lagerfuge 42, 43, *43*, 44
Laubgehölze 62–72
Lauch, Gelber 104, *105*
Laufkäfer 118
Lavandula angustifolia 13,
 23, **68**, *69*
Lavendel, Echter 13, 23, **68**, *69*
Leimkraut 94, *94*
Lein 88, 88–89
Leontopodium alpinum 24,
 87, *87*
Lewisia cotyledon 24, **87**
Lilienschweif 84, *84*
Linum
 – flavum 88, *88*
 – perenne 88, 88–89
Lobularia maritima 110, *110*
Luzula nivea 98, *99*

M

Mädchenhaargras 100, *100*
Magmatit 30
Magnesiummangel 59, *59*
Mannsschild 77, *77*
Materialliste 39
Matricaria parthenium 110
Mauereidechse 118, **119**
Mauerpfeffer 24, **91**, *91*
 – Weißer 24, **92**, *92*
Mauerraute 25, **101**, *101*
Mauerritze, Bepflanzung 50,
 51
Mauerschräge 44
Mehltau, Echter 57, *57*

REGISTER

Melampodium paludosum 110, *111*
Melica ciliata 25, **99**, *99*
Metamorphit 30
Mineralieneinschluß *31*
Miniatursteingarten 12, *12*
Molch 120
Mongolische Waldrebe 64–65, *64*
Moossteinbrech 90, *91*
Muscari armeniacum 107
Mutterkraut 110, *110*

N
Nachtkerze 88–89, *88*
Nacktschnecke 58
Nadelgehölze 72–76
Nan-Shan-Zwergmispel 65, *65*
Naturschutzbestimmungen 48–49

O
Oenothera missouriensis 88–89, *88*
Ornithogalum umbellatum 108, *108*

P
Palmlilie 96, *96*
Papaver nudicaule *88*, 89
Perückenstrauch 65, *65*
Pfauenradfarn 101, *101*
Pfingstnelke 82–83, *83*
Pflanzen
 – Auswahl 48–49
 – für die Mauerkrone 23–25
 – für größere Trogsteingärten 13–14
 – Kauf 49
 – Liste 39
 Pflanzung 49–52
 – Bodenvorbereitung 49, *34–35*
 – Farne 50
 – Gehölze 50, *50*
 – Gräser 50
 – Stauden 50, *51*
 – Zwiebel- und Knollengewächse 50–51
 Pflanzzeit 49
 – Farne 49
 – Gehölze 49
 – Gräser 49
 – Stauden 49
 – Zwiebel- und Knollengewächse 49
 Pflege 112–115
 – des Trogsteingartens 15
 – des Tuffsteins 16
 – im Frühling 114

– im Herbst 114–115
– im Sommer 114
– im Winter 115
Phlox subulata 14, 24, **88**, *89*
Phosphormangel 58
Phyllitis
 – scolopendrium 25, **102–103**
 – scolopendrium 'Undulata' *103*
Picea
 – abies 74–75
 – abies 'Echiniformis' *74*
 – abies 'Little Gem' 13, *74*
 – glauca 75
 – glauca 'Laurin' 13, *75*
Pinus
 – mugo *67*, 75
 – mugo 'Mops' 13, *75*
 – mugo ssp. mugo 75
 – mugo ssp. pumilio 75, *75*
 – strobus 'Nana' 76, *76*
Planung
 – Checkliste 39
 – der Trockenmauer 38–39
 – des Steingartens 38–39
Plan zeichnen *38*, 39
Poa
 – caesia 99
 – glauca 14, 25, **99**
Polsterphlox 14, 24, **88**, *89*
Polypodium
 – interjectum 25, *102–103*, **103**
 – vulgare 103, *103*
Polystichum
 – aculeatum 103
 – setiferum 104
 – setiferum 'Proliferum' *104*
Portulaca grandiflora 111, *111*
Portulak, Großblütiger 111, *111*
Portulakröschen 111, *111*
Potentilla fruticosa 68–69, *69*
Preller *44*, 45
Primula
 – auricula 14, 24, **89**, *89*
 – denticulata 90, *91*
Prunus
 – tenella 70
 – tenella 'Firehill' *70*
Pulsatilla
 – halleri ssp. slavica 90
 – vulgaris 90, *91*

Q
Quendel 14, 25, **95**, *95*

R
Rauhblättrige Alpenrose 70, *71*
Regenbogenfarn, Japanischer 102

Reichblühendes Chinasedum 92
Reiherfedergras 25, **100**, *100*
Reizendes Windröschen 105
Reptilien 118–120
Rhododendron
 – ferrugineum 70, *71*
 – hirsutum *49*, 70, *71*
 – Impeditum-Hybride 70–71
 – Repens-Hybride 71
 – Repens-Hybride 'Baden-Baden' *71*
 – Vermehrung durch Absenker *55*
 – Winterschutz *59*
Rippenfarn 102, *102*
Rispengras, Hechtblaues 14, 25, **99**
Rosettensteinbrech 90–91, *91*
Rosmarinseidelbast 13, 23, **66**, *66*
Rost 57, *57*
Rostblättrige Alpenrose 70, *71*
Rotes Seifenkraut 90
Rotfichte 74–75

S
Sadebaum 74
Salix
 – lanata 71
 – repens 72
 – repens ssp. argentea 72
 – repens ssp. repens 72
 – repens ssp. rosmarinifolia 72, *72*
 – x simulatrix 72, *72*
Sandkraut 79
Sandstein *30*, 31
Sanvitalia procumbens 111, *111*
Saponaria ocymoides 90, *91*
Sauerdorn 13
Saxifraga
 – Arendsii-Hybride 90
 – Arendsii-Hybride 'Blütenteppich' *91*
 – cotyledon 90–91, *91*
Schäden 57–59
Schädlinge 57–59
Schafschwingel 98, *98*
Scharfe Fetthenne 24, **91**, *91*
Scharriereisen *44*, 45
Schichtmauerwerk
 – regelmäßiges 42–43, *43*
 – unregelmäßiges 43, *43*
Schildfarn
 – Südlicher 104, *104*
 – Weicher 104, *104*
Schillergras 14, **99**
Schimmelfichte 13, **75**, *75*
Schleierkraut, Kriechendes 14, 24, **86**

Schleifenblume 24, **86–87**, *86*, *87*
Schmetterling 120
Schmetterlingsstrauch 63, *63*
Schnecke 58, *58*
Schneeheide 13, **66–67**, *67*
Schneemarbel 98, *99*
Schneepolstersedum, Dickblättriges 24, **92**, *92*
Schneestolz 105, *105*
Schwertlilie 107, *107*
Sediment 30
Sedum 120
 – acre 24, **91**, *91*
 – album 24, **92**
 – album 'Murale' *92*
 – floriferum 92
 – spurium 92
 – spurium 'Purpurteppich' *92*
Segge, Fuchsrote 97
Seidelbast, Wohlriechender 13, 23
Seifenkraut 90, *91*
 – Rotes 90
Sempervivum 14, 25, **92–93**
 – arachnoideum 93, *93*
 – ciliosum 93
 – tectorum 94, *94*
Sesleria caerulea 25, **100**, *100*
Silberdistel 82, *82*
Silberwollziest 94, *95*
Silberwurz 24, 84, *84*
Silene maritima 94, *94*
Smaragdeidechse 118
Soldanella montana 94, *94*
Sommerblumen 109–111
Sommerenzian 85, *85*
Sonnenröschen 86, *86*
Spinne 118
Spinnwebhauswurz 93, *93*
Spitzmeißel *44*, 45
Stachys byzantina 94, *95*
Standort des Steingartens 38–39
Stauden 76–96
 – Pflanzung 50, *51*
 – Pflanzzeit 49
 – Vermehrung durch Stecklinge *54*
Staunässe 59
Stechpalme, Japanische 68, *69*
Steckling 53–54
Steinband *31*
Steinbeet 20, *21*
Steine 29–31
 – Auswahl 31
 – für die Trockenmauer 31
 – Werkzeug für die Bearbeitung 44–45, *44*
Steinfeder 25, **101**, *101*
Steingarten 16–20
 – Anlage 40–41

125

ANHANG

—architektonischer *17*
—Aufbau *18*
—Bau *39—41*
—Bepflanzung *19, 41*
—Erdreich *34*
—Größe *38—39*
—Hangsteingarten *18*
—natürlicher *17*
—Pflege *114—115*
—Planung *18*, **38—39**
—Standort *38—39*
—Wasser *26—27, 26—27*
Steinkraut *23,* **76***, 77*
Steinwurz *14, 25,* **92—93**
Stengelloser Enzian *85, 85*
Steppenkerze *84, 84*
Sternbergia lutea *108, 108*
Sternbergie *108, 108*
Sterntaler *110, 111*
Stern von Bethlehem *108, 108*
Stickstoffmangel *58*
Stilelement, japanisches *20*
Stipa
—barbata *25,* **100***, 100*
—capillata *100*
—pennata *100, 100*
Storchschnabel *14, 24,* **85**
Stoßfuge *43,* **44**
Strahlenanemone *105*
Strandgrasnelke *23,* **78***,* **79**
Streifenfarn, Braunstieliger *25,* **101***, 101*
Südlicher Schildfarn *104, 104*
Sumpfschildkröte, Europäische *118*

T

Tafeleibe *76, 76*
Tagfalterpflanze *120*
Tagpfauenauge *120*
Tamariskenwacholder *74*
Taxus
—baccata 'Repandens' *76, 76*
—cuspidata 'Nana' *76, 76*
Teilung *54, 55*
Teppichsedum *92, 92*
Terrassen-Steinbeet *20, 21*
Teucrium
—chamaedrys *95, 95*
—chamaedrys hort. *95*
—massiliense *95*
Thunbergs Berberitze *63, 63*
Thymus serpyllum *14, 25,* **95***, 95*
Tierwelt *116—120*
Traubenhyazinthe *107*
Trittstein *18*
Trockenmauer *21—25, 22, 42*
—Aufbau *22*
—Aufschichtung *42*
—Bau *41—45, 42*
—Bepflanzung *23*
—Erdmischung *35*
—Fundament *41—42*
—Material *22*
—Pflanzen für die Mauerkrone *23—25*
—Planung *38—39*
—Querschnitt *44*
—Steine *31*
Trockenmauerwall *22—23, 45*
—Bau *45*
Trogsteingarten *12—15, 12*
—Bepflanzung *12—14*
—Pflege *15*
Tuffstein *15—16, 30*
—Bepflanzung *15, 16, 16*
—Pflanzenauswahl *16*
—Pflege *16*
Tulipa-Greigii-Hybride *108—109, 108*
Tulipa-Kaufmanniana-Hybride *108—109,* 109
Tulpe *108—109, 108—109*
Tüpfelfarn *103, 103*
—Gesägter *25, 102—103,* **103**
—Großer *25, 102—103,* **103**

U

Überbindung *43*
Umpflanzen *51—52*
Umwandlungsgestein *30*

V

Vegetative Vermehrung *53—56*
Vermehrung *52—56*
—generative *52—53*
—vegetative *53—56*
Veronica
—incana *95*
—spicata ssp. incana *95*
Viola
—cornuta *96, 96*
—Hybride *96*
Vogeltränke *26*
Vorschlaghammer *44,* 45

W

Wacholder *72—73*
Waldrebe, Mongolische *64—65, 64*
Wasser im Steingarten *26—27, 26—27*
Wassermangel *59*
Wechselmauerwerk *43*
Weicher Schildfarn *104, 104*
Weißer Mauerpfeffer *24,* **92***, 92*
Weißfichte *13,* **75***, 75*
Werkzeug für die Steinbearbeitung *44—45, 44*
Werkzeugliste *39*
Wimperfarn *104*
—Großer *104*
Wimperperlgras *25,* **99***, 99*
Windröschen, Reizendes *105*
Winterling *106,* 107
Winterschutz für Rhododendron *59*
Wohlriechender Seidelbast *13, 23*
Wollweide *71*
Wollziest *94, 95*
Woodsia obtusa *104*
Wulfenia carinthiaca *96, 96*
Wulfenie *96, 96*
Würfelnatter *118*

Y

Yucca filamentosa *96, 96*

Z

Zauneidechse *118—119,* 119
Zittergras *97, 97*
Zwergalpenrose *70—71, 71*
Zwergbirke *63, 63*
Zwergeibe *76, 76*
Zwergfichte Little Gem *13*
Zwergglockenblume *14, 24,* **80***,* **81**
Zwergmandel *70, 70*
Zwergsawara-Scheinzypresse *72, 73*
Zwergwacholder *73*
Zwergweide *72, 72*
Zwergweymouthskiefer *76, 76*
Zwiebeliris *107, 107*
Zwiebelpflanzen *104—109*
—Pflanzung *50—51*
—Pflanzzeit *49*

Zum Thema Garten sind im FALKEN Verlag zahlreiche Bücher erschienen. Hier eine kleine Auswahl:
„Garten heute" (4283); „Erfolgstips für den Ziergarten" (930); „Wasser im Garten" (4230); „Ziergräser" (829)

ISBN 3 8068 4452 6

© 1989/1990 by Falken-Verlag GmbH, 6272 Niedernhausen/Ts.
Die Verwertung der Texte und Bilder, auch auszugsweise, ist ohne Zustimmung des Verlags urheberrechtswidrig und strafbar. Dies gilt auch für Vervielfältigungen, Übersetzungen, Mikroverfilmung und für die Verarbeitung mit elektronischen Systemen.
Titelbild: Eberhard Morell, Dreieich
Rücktitel: Siegfried Stein, Vastorf
Fotos: BASF AG Landw. Versuchsstation, Limburger Hof: 57 r., 58 l.;
Gesellschaft für Staudenfreunde e.V., Fachgruppe Steingarten- und alpine Stauden, Region Frankfurt/ Main (Fotografin: Ingeborg Polaschek): 4 l.u., 5 l.u., 9 u., 11, 12, 15 l., 17 o., 26–27, 27 u., 32–33;
Martin Haberer, Nürtingen-Raidwangen: 64 r., 66–67, 69 M., 71 r., 78 M.r., 80 M., 83 l.o.;
Ellen Henseler, Die grüne Fotoagentur, Bonn: 57 l., 58 M.;
Bildarchiv Dr. Jesse, Köln: 49, 80 l., 83 r.o., 111 r.;
Jost GmbH, Metalldünger, Iserlohn: 59 l.o., l.M., l.u.;
Eberhard Morell, Dreieich: 1, 9 o., 15 r., 19 o., 28–29, 30 r.o., 36–37, 37 r., 47 l., 48, 70, 71 l., 77 r.u., 83 l.u., 85 M., r., 88–89, 91 M.o., l.u., 100 r.o., 101 o., 108 l.u., 109 r.;
Ingeborg Polaschek, Linsengericht-Altenhaßlau: 18–19, 19 u., 22, 29 l., 30 l.o., l.u., r.u., 31, 37 l., 58 r., 59 r.o., 120;
Reinhard-Tierfoto, Heiligenkreuzsteinach-Eiterbach: 2–3, 6–7, 8, 10–11, 17 u., 18, 33 l., 46–47, 60–61, 62 r.o., 78 r.u., 91 r.u., 96 M., 112–113, 113 r., 116, 117, 118–119, 119 u., 121, 127;
Gerhard Röhn Verlag, Heusenstamm: 62 M., 62 r.u., 63, 64 l., M., 65, 66 M., u., 67 M., u., 69 l., r., 71 M., 72, 73, 74, 75, 76, 77 o., l.u., 78 M.o., r.o., 79, 81 r., 82, 83 r.u., 84, 85 l., 86 o., 87, 88 l., M., 89 r., 91 l.o., M.u., r.o., 92, 93, 94, 95, 96 l., r., 97, 98, 99, 100 l., r.u., 101 o., r.M., 102, 103, 104, 105, 106, 107, 108 l.o., l.M., 108–109, 110, 111 l.u.;
Christine Schmidt, Bad Homburg: 5 l.o., 7;
Silex, Hattersheim: 20;
Siegfried Stein, Fach-Pressedienst, Vastorf: 4 r.o., 21, 29 r., 33 r., 47 r., 80–81, 86 u., 111 l.o., 113 l.;
Zeichnungen: Erik Stegeman, Wiesbaden; FALKEN Archiv/Horst Lünser, Berlin: 50, 55 l.o., l.M.
Die Ratschläge in diesem Buch sind von der Autorin und vom Verlag sorgfältig erwogen und geprüft, dennoch kann eine Garantie nicht übernommen werden. Eine Haftung der Autorin bzw. des Verlages und seiner Beauftragten für Personen-, Sach- und Vermögensschäden ist ausgeschlossen.
Satz: Fotosatz-Studio Creatype GmbH, Eschborn/Ts.
Druck: Zumbrink Druck GmbH, Bad Salzuflen